„BEWEISS, WIE WEIT DER RÖMER MACHT…“

IMPRESSUM

Archäologische Informationen
aus Baden-Württemberg
Heft 50
Herausgegeben vom
Landesdenkmalamt Baden-Württemberg
Archäologische Denkmalpflege

Bezug durch die
Gesellschaft für Vor- und Frühgeschichte
in Württemberg und Hohenzollern e.V.
Berliner Straße 12, 73728 Esslingen

Redaktion und Produktion:
Verlagsbüro Wais & Partner, Stuttgart
Layout: Hans-Jürgen Trinkner
Gestaltung: Edeltraud Wais
Druck: Ludwig Auer GmbH, Donauwörth
Printed in Germany
ISBN 3-927714-78-x
Stuttgart 2004

Cornelij Taciti de origine situ et
Moribus Germanorum feliciter incipit

Germania omnis a gallis retijs et pan
nonijs rheno et danubio fluminibus,
a sarmatis dacisque mutuo metu aut
montibus separatur. Cetera occeanus ambit, latos
sinus et insularum inmensa spacia complectens.
Nuper cognitis quibusdam gentibus et regibus
quos bellum aperuit. Rhenus retiarum alpium
inaccesso ac precipiti vertice ortus modico flex
u in occidentem versus septemtrionali occea
no miscetur. Danubius molli et clementer
edito montis arnobe iugo effusus plures
populos adit donec in ponticum mare sex
meatibus erumpat, septimum os paludibus
hauritur. Ipsos germanos indigenas credi
derim minimeque aliarum gencium adventibus
et hospitijs mixtos, quia nec terra olim sed
classibus advehebantur qui mutare sedes
querebant, et inmensus ultra atque ut sic dix
erim adversus occeanus raris ab orbe nostro
navibus aditur. Quis porro preter periculum
horridi et ignoti maris Asia aut Affrica aut
Italia relicta Germaniam peteret informem terris
asperam celo tristem cultu aspectuque nisi sibi
patria sit. Celebrant carminibus antiquis quod
unum apud illos memorie et annalium genus
est Tuistonem deum terra editum et filium
mannum originem gentis conditoresque fuisse.

Vorwort

Unter dem Titel „Beweiß, wie weit der Römer Macht...", dem Titel der ersten großen Publikation des Hohenloher Archivrats Christian Ernst Hanßelmann, veranstalten das Landesdenkmalamt Baden-Württemberg und das Archäologische Landesmuseum Baden-Württemberg im Römerjahr 2005 im Vorfeld der großen Landesausstellungen „Imperium Romanum – Roms Provinzen an Neckar, Rhein und Donau" und „Römer, Christen, Alamannen – Die Spätantike am Oberrhein" in Stuttgart und Karlsruhe eine Sonderausstellung, die sich mit der Römerforschung in Baden-Württemberg beschäftigt. Die Wanderausstellung dokumentiert auf Schautafeln, mit ausgewählten Dokumenten und originalen Objekten die Entwicklung und vor allem die Fortschritte der römischen Archäologie in Baden-Württemberg. Dabei wird deutlich, in welchem Ausmaß archäologische Forschung zu allen Zeiten von den gesellschaftlichen Rahmenbedingungen geprägt wurde und wie sich das Bewusstsein über die eigene Vergangenheit im Laufe von 500 Jahren verändert hat.

Mit der Renaissance begann auch in Baden-Württemberg eine systematische Beschäftigung mit der eigenen Vergangenheit. Hier standen die antiken Zeugnisse, insbesondere die zahlreichen Inschriften, die von kundigen Gelehrten gelesen und interpretiert wurden, im Mittelpunkt des Interesses. Vor allen Dingen der Marbacher Präzeptor Simon Studion führte ausgedehnte Ausgrabungen im mittleren Neckarraum, insbesondere in Benningen und dessen Umgebung, durch. Studion gilt als Nestor der römischen Archäologie in unserem Lande. Im 18. Jahrhundert wurden die Forschungsmethoden der römischen Archäologie wesentlich verbessert. Die Erforschung des Limes rückte ins Zentrum der Bemühungen. Hier hat der Hohenloher Archivrat Christian Ernst Hanßelmann in seinen beiden großen Schriften aus den Jahren 1768 und 1773 Grundlagen für die heutige Limesforschung gelegt. Das steigende Nationalbewusstsein machte im 19. Jahrhundert die Archäologie schließlich zu einem Anliegen breiter Bevölkerungskreise und damit letztendlich zu einer Aufgabe, der sich der Staat verstärkt zuwandte. Ich freue mich, dass diese Ausstellung an neun Orten im Lande präsentiert werden kann. Sie gibt einen Einblick in diese wichtige Entwicklung der römischen Forschung in unserem Lande.

Es ist mir besonders wichtig, den Herren Dr. Martin Kemkes (Archäologisches Landesmuseum) und Dr. Michael Nick (Landesdenkmalamt) sowie Frau Dr. Helena Pastor (Archäologisches Landesmuseum), die gemeinsam für die Konzeption sowie die Durchführung der Ausstellung verantwortlich zeichnen, meinen Dank auszusprechen. Weiterhin gilt mein Dank Herrn Dr. Patrick Rau (Archäologisches Landesmsueum) für die technische Herstellung der Tafeln sowie Frau Marion Riebschläger (Archäologisches Landesmuseum) für ihre Mitarbeit bei Auf- und Abbau. Für die freundliche Bereitstellung von Leihgaben und Bildmaterial möchte ich schließlich allen Institutionen danken, die sich freundlicherweise bereit erklärt haben, uns zu unterstützen. Für die redaktionelle Betreuung der Publikation und die termingerechte Fertigstellung zur Eröffnung der Wanderausstellung im Jahre 2005 danke ich dem Verlagsbüro André Wais & Partner.

Die Ausstellung stellt den landesweiten forschungsgeschichtlichen Rahmen für die große Landesausstellung „Imperium Romanum" dar. Wir freuen uns, dass sie in zahlreichen Städten unseres Landes gezeigt werden kann, insbesondere dort, wo in den letzten 500 Jahren bedeutende Römerzeugnisse ergraben und für die Öffentlichkeit zugänglich gemacht worden sind. Mögen diese Ausstellung, das Römerjahr 2005 und die beiden großen Landesausstellungen in Stuttgart und Karlsruhe auf eine breite Resonanz in unserer Öffentlichkeit stoßen.

Esslingen am Neckar,
im November 2004

PROF. DR. DIETER PLANCK
PRÄSIDENT DES LANDESDENKMALAMTES
BADEN-WÜRTTEMBERG
DIREKTOR DES ARCHÄOLOGISCHEN
LANDESMUSEUMS BADEN-WÜRTTEMBERG

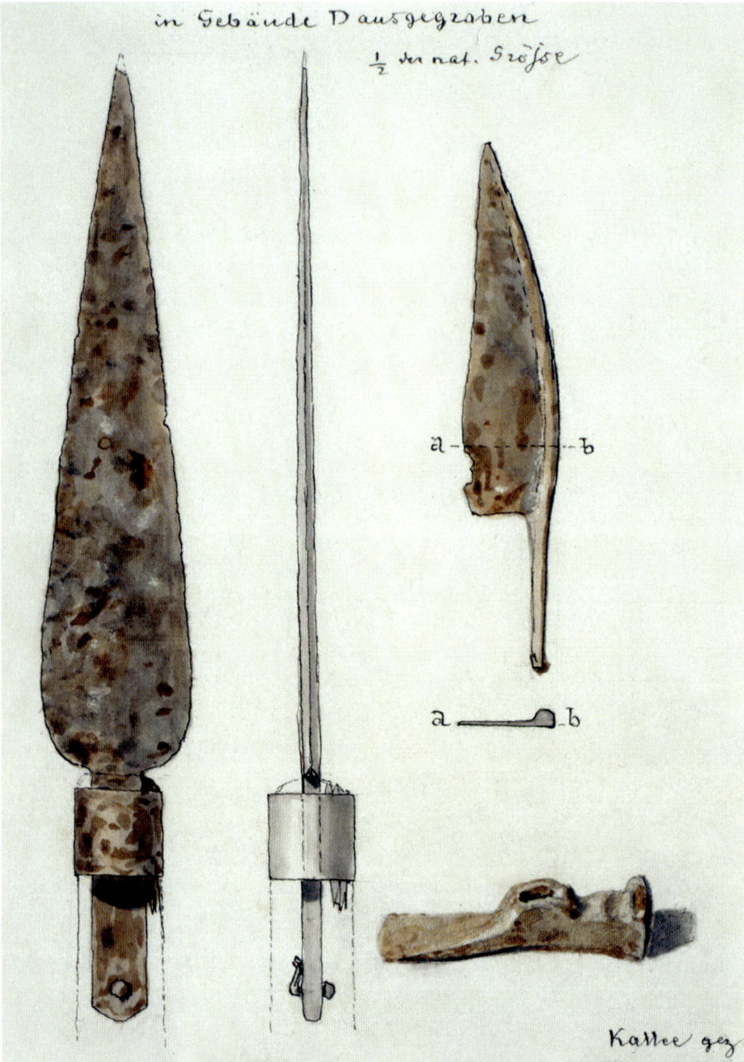
in Gebäude D ausgegraben
½ der nat. Größe
a
b
a
b
Kattee gez

Inhalt

6 Vorwort

10 VOM RHEIN AN DEN LIMES UND WIEDER ZURÜCK

12 HAUSBESETZUNG UND STEINRAUB

14 „AM ANFANG STAND DAS WORT …“ – DIE ENTDECKUNG DER RÖMER ALS FORSCHUNGSOBJEKT

21 FÜRSTEN UND PRIVATGELEHRTE

28 VOM HOBBY ZUM BERUF

44 LIMESFORSCHUNG ALS AUFGABE

47 RÖMERFORSCHUNG IM SCHATTEN DER WELTKRIEGE

52 DAMALS UND HEUTE

60 Literaturhinweise

64 Abbildungsnachweis

Vom Rhein an den Limes und wieder zurück

Die Entstehung und die Entwicklung des Römischen Reiches stellt eine Erfolgsgeschichte dar, wie sie ihresgleichen sucht. Noch heute profitieren wir von zahlreichen technischen und sozialen Errungenschaften, die uns die Römer hinterließen. Das römische Recht zum Beispiel fand Eingang in viele noch heute gültige Gesetzeswerke.

Doch wer waren die Menschen, denen wir unser heutiges Wissen über die Römer verdanken? Und wie wurde die römische Archäologie zu dem, was sie heute ist? Die Römerforschung in Ba-

den-Württemberg erstreckt sich inzwischen über einen längeren Zeitraum als die Besetzung des Landes durch die Römer überhaupt angedauert hat. Für uns Grund genug, auch diese Erfolgsgeschichte einmal nachzuzeichnen.

Etwa 300 Jahre dauerte die römische Besiedlungsgeschichte des heutigen Baden-Württembergs. Sie begann mit dem Alpenfeldzug des Kaisers Augustus 15 v. Chr. Nach dessen erfolgreicher Beendigung brachten sich die Römer entlang der Rheinlinie in Stellung, um weiter in das Innere Germaniens vorzudringen. Im Jahre 9 n. Chr. wurde jedoch dem Plan, das Römische Reich bis an die Elbe auszudehnen, ein jähes Ende bereitet. Der römische Befehlshaber Varus erlitt im „Teutoburger Wald" eine vernichtende Niederlage gegen die Germanen und verlor ungefähr 25 000 Soldaten. Die Römer beschränkten sich in den folgenden Jahrzehnten darauf, das südwestdeutsche Gebiet nach und nach zu besetzen. Dies geschah primär zur Verkürzung der Straßenverbindung zwischen den Rhein- und Donauprovinzen. Die Erschließung der fruchtbaren Gebiete in der Wetterau, am Neckar und im Nördlinger Ries bedingte schließlich die endgültige Grenzziehung durch den Obergermanisch-Raetischen Limes.

Die römische Reichgrenze bestand Anfang des 2. Jahrhunderts zunächst nur aus einer Waldschneise mit Wachtürmen, später aus einer Holzpalisade, die in Obergermanien Ende des 2. Jahrhunderts durch Wall und Graben, in Raetien durch eine Steinmauer ersetzt wurde. Die 550 km lange Strecke verlief über die vier heutigen Bundesländer Rheinland-Pfalz, Hessen, Baden-Württemberg und Bayern. Sie war in ihrer letzten Ausbauphase mit ungefähr 900 Wachtürmen sowie 120 Kastellen und Kleinkastellen bestückt, in denen ca. 20 000 bis 30 000 römische Soldaten ihren Dienst verrichteten und die Nordgrenze des Römischen Reiches beschützten. Diese Grenzanlage hatte über 100 Jahre Bestand, bis die Römer sie um 260/270 n. Chr. aufgaben und sich hinter die besser zu verteidigende Flussgrenze an Rhein, Donau und Iller zurückzogen.

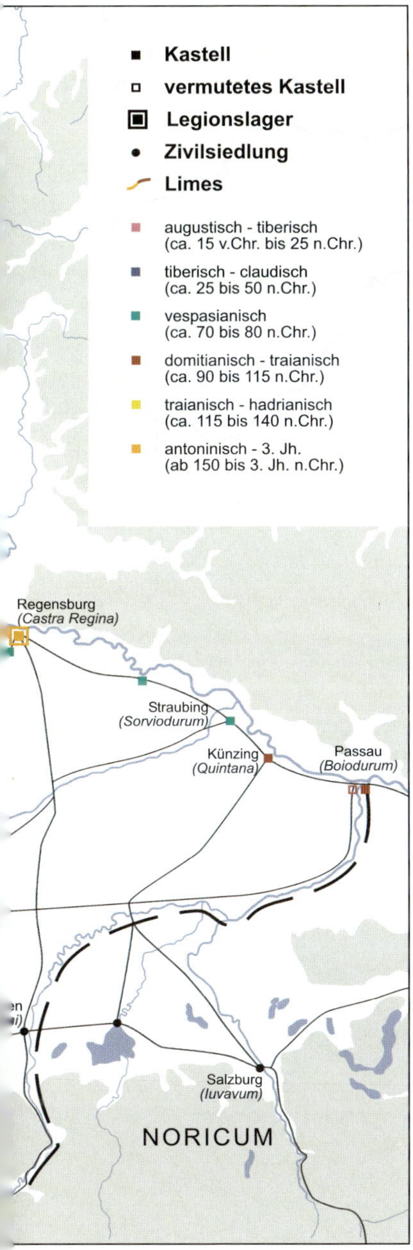

Die Besetzung Südwestdeutschlands durch die Römer erfolgte nicht in einem Zug. Die Karte veranschaulicht das allmähliche Vorrücken der Römer über einen Zeitraum von ca. 150 Jahren.

Hausbesetzung und Steinraub

Was wurde aus dem Land zwischen Rhein und Obergermanisch-Raetischem Limes, nachdem die Römer es verlassen hatten? Oder blieben doch noch einige Römer zurück? Eine schwierige Frage, mit der sich die Forschung noch lange zu beschäftigen haben wird. Grabungen der letzten Jahre bringen nun aber etwas Licht in dieses Dunkel. Sie liefern den Nachweis, dass bereits kurz nach dem Rückzug des römischen Militärs aus dem Südwesten Deutschlands sich hier die ersten Alamannen ansiedelten. Sie benutzten die römischen Siedlungsplätze weiter

Nachdem von dem Badegebäude des römischen Gutshofes von Wurmlingen (Lkr. Tuttlingen) nur noch eine Ruine übrig war, siedelten hier die ersten Alamannen (Abb. unten). Deutlich sind die dunklen Pfostenstandspuren des alamannischen Speicherbaus zu erkennen, welcher inmitten des Bades aus Holz gebaut worden war.

Die Holzbauten in den römischen Ruinen lassen sich aber erst durch eindeutige Funde den Alamannen zuweisen. Besonders die germanischen Fibeln, die man in den römischen Gutshöfen von Herten, Wurmlingen und Bietigheim fand, sind hierfür eindeutige Anzeiger.

und setzen in die steinernen Ruinen neue Bauten, aber aus Holz.

Im Mittelalter dienten die römischen Ruinen sodann als beliebte „Steinbrüche“ zur Gewinnung von Baumaterial, vor allem für Kirchen, denn die Häuser der Landbevölkerung waren nach wie vor aus Holz gebaut. Die Kirchen entstanden oftmals in direkter Nachbarschaft zu den römischen Ruinen, teilweise sogar unmittelbar auf ihnen. Einer der Gründe für diese Standortwahl war sicherlich auch die Verkürzung der Transportwege.

Dieser römische Altar aus Neidenstein (Rhein-Neckar-Kreis) wurde in der dortigen katholischen Kirche durch Vertiefung der Opferschale zu einem Weihwasserbecken umfunktioniert.

Nach dem Abzug der römischen Garnison aus Aalen 259/260 n. Chr. baute man wahrscheinlich schon im 7. Jahrhundert in der Nähe des Lagertores eine erste Kirche (St. Johann), die wiederum im 12./13. Jahrhundert einem Neubau weichen musste. Man verwendete hierfür Steine aus dem verlassenen römischen Kastell als Baumaterial. Auf der Abbildung sind die großen römischen Spolien im Fundament sehr gut zu erkennen.

„Am Anfang stand das Wort ...“ – Die Entdeckung der Römer als Forschungsobjekt

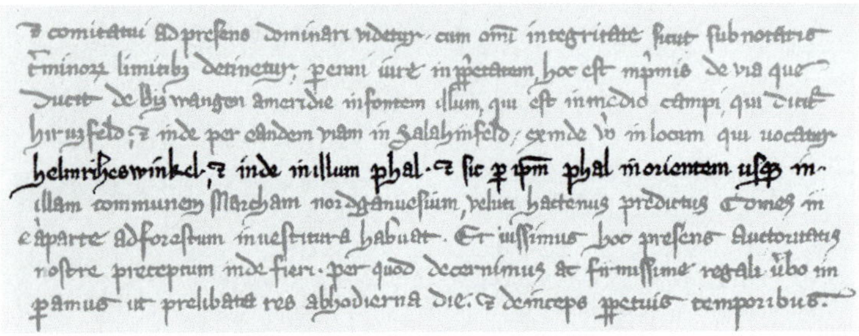

Erwähnung des Begriffs „Pfahl“ in einer Urkunde Arnulfs von Kärnten vom 8. Dez. 889.

Nach dem Abzug der römischen Truppen aus Südwestdeutschland verschwanden die römischen Hinterlassenschaften scheinbar vollständig aus dem Gedächtnis der Menschen. Orts- und Flurnamen wie „Altenburg“, „Bürg“, „Grab“ und „Haghof“ entstanden zwar im Rückgriff auf die baulichen Reste des Limes, die als Schuttwall oder Graben noch sichtbar waren. Einen Bezug zur Römerzeit gab es aber nicht.

Anders verhält es sich mit dem Begriff „Pfahl“, heute noch in vielen Orts- und Gewannnamen wie

Zur Erklärung der vorhandenen Reste entstanden auch Volkssagen wie etwa die Geschichte der „Teufelsmauer“. Diese Bezeichnung für den Limes ist seit dem 17. Jahrhundert belegt. Der Sage nach soll der Teufel versucht haben, innerhalb einer von Christus vorgegebenen Frist einen Teil des Erdkreises für sich abzugrenzen. Als die Zeit abgelaufen war, war nicht einmal die Hälfte seines Werkes fertig. Die sichtbaren Limes-Reste wurden als Trümmer der unvollständigen „Teufelsmauer“ gedeutet.

Karte von Christian Ernst Hanßelmann mit Nennung der Teufelsmauer (1773).

Pfahlheim, Pfahlbronn, Pfahlgraben oder Pfahläcker präsent. Als Begriff ist „Pfahl“ schon für das 8. Jahrhundert belegt und wird vom lateinischen „palus“ (zugespitztes Bauholz) abgeleitet. Möglicherweise hat sich diese Bezeichnung für die Limesanlage bereits in römischer Zeit eingebürgert und darüber hinaus erhalten.

Die stark religiös orientierten Menschen des Mittelalters interessierten sich kaum für die Zeugnisse der heidnischen Vergangenheit. Das Interesse an der römischen Antike erwachte erst im Jahre 1455 mit der Entdeckung einer aus dem 9. Jahrhundert stammenden Abschrift der „Germania“ des römischen Geschichtsschreibers Tacitus (ca. 55/56–116/17 n. Chr.) im Kloster Hersfeld. Der Text befasst sich aus dem Blickwinkel eines Römers mit der Landeskunde sowie den Sitten und Gebräuchen der Germanen. Tacitus stellt die damaligen Bewohner weiter Teile Deutschlands als kraftvolles Naturvolk dar, besonders um seinen eigenen, aus seiner Sicht „dekadenten“ Landsleuten einen Spiegel vorzuhalten.

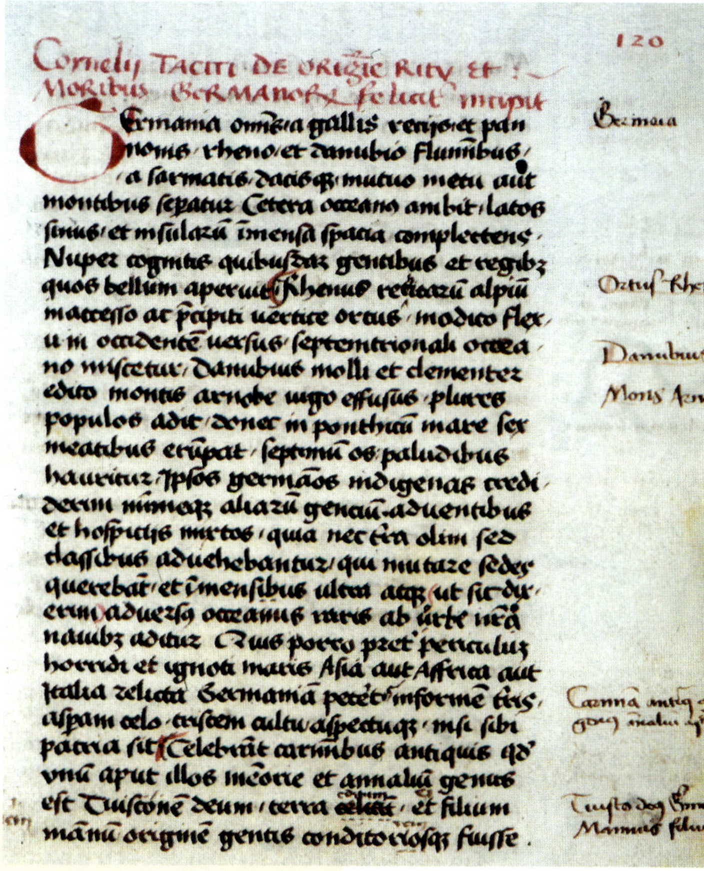

Schrift des römischen Historikers Publius Cornelius Tacitus aus dem Jahr 98 n. Chr. mit dem Titel „De origine et situ germanorum“, bekannter als die „Germania“ des Tacitus. Wie der abgebildete Codex der Württembergischen Landesbibliothek aus dem 15. Jahrhundert zeigt, entstanden bereits kurz nach der Wiederentdeckung des Werkes die ersten Abschriften durch die Humanisten. Der erste Absatz der Schrift lautet in der Übersetzung:

„Germanien in seiner gesamten Ausdehnung wird von den Galliern und den Rätern und Pannoniern durch die Flüsse Rhein und Donau, von den Sarmatern und Dakern durch die beiderseitige Furcht oder durch Gebirgszüge abgegrenzt. Die übrigen Teile umspült der Ozean, der weite Halbinseln und Inseln in unermesslicher Größe umschließt ...“

Es war die „Germania“, welche einen wichtigen Impuls für die Entstehung des deutschen Humanismus lieferte. Renaissance und Humanismus werden als die Zeit der „Wiederentdeckung der Antike“ bezeichnet, was so aber nicht völlig zutreffend ist. Denn die Antike war das ganze Mittelalter hindurch präsent, und zwar nicht nur hinter den Klostermauern, wo die Mönche zahlreiche antike Schriften kopierten und aufbewahrten; sondern auch durch die lateinische Sprache, die von Gelehrten und dem Klerus gepflegt wurde, sowie die immer noch gültigen römischen Gesetze. In der Renaissance änderte sich vielmehr das Verhältnis zur Antike. Die Humanisten erhoben sie gleichsam zum Ideal, dem es in allen Bereichen, sei es in der Kunst, der Schrift oder der Politik, nachzueifern galt.

Die mittelalterliche Kopie einer antiken Straßenkarte, die so genannte „Tabula Peutingeriana“, lieferte ähnlich wie die „Germania“ des Tacitus einen wichtigen

Ausschnitt aus der „Tabula Peutingeriana". Er zeigt im oberen Teil Südwestdeutschland mit Schwarzwald und Bodensee.

Beitrag zur Erforschung der Römerzeit in Deutschland. Sie befand sich im Besitz des Augsburger Humanisten und Stadtschreibers Konrad Peutinger (1467–1547) und wird heute in der Österreichischen Nationalbibliothek in Wien aufbewahrt. Die Karte umfasst die ganze den Römern bekannte Welt: von Spanien und Britannien bis nach Indien, und von Nordafrika bis an die Nordsee. Besonderes Interesse zogen aber die dort genannten Namen der antiken römischen Siedlungen auf sich. Die Forscher versuchten, diese mit heutigen Ortschaften zu verbinden.

Die mittelalterliche Kunst war in erster Linie Sakralkunst. Mit der Renaissance erwachte unter Rückgriff auf antike Vorbilder das Interesse am Menschen als Kunstobjekt. Links: Johannes der Täufer, Ulm oder Oberrhein um 1495, Lindenholz mit alter Fassung. Oben: Adam und Eva, süddeutsch 1601, Buchsbaumholz (?), Teilfassung (Auge).

Marmorstatuette des Jupiter Dolichenus.
Die Figur wurde Ende des 17. Jahrhunderts in Marseille gefunden und dem württembergischen Herzog als Geschenk überreicht.
Der Kopf des Gottes wurde in dieser Zeit ergänzt.

Simon Studion (1543 bis ca. 1605).

Der Kastellplan von Benningen aus der Feder Studions gilt als erster Nachweis einer systematischen Ausgrabung in Baden-Württemberg.

Dichter, Altertumsforscher und Prophet – Simon Studion und die Anfänge der römischen Archäologie in Baden-Württemberg

Der Humanist Simon Studion (1543 bis ca. 1605) gilt unter Archäologen als der „Vater der römischen Altertumskunde“ in Württemberg. Während seiner Tätigkeit als Präzeptor an der Lateinschule in Marbach sammelte er seit 1579 eine Reihe von römischen Inschriftensteinen, die bei verschiedenen Gelegenheiten in Benningen am Neckar zutage getreten waren. Zwei ganze Wagenladungen lieferte er nach Stuttgart, wo Herzog Ludwig (1568–1593) die Steine in seinem Lustgarten aufstellen ließ.

Aufgrund von Mauerfunden vermutete er in Benningen sogar eine römische Stadt. Studion, der bereits ein Lobgedicht von – sage und schreibe – über 10.000 Versen auf das württembergische Herrschergeschlecht verfasst hatte, stand hoch in der Gunst des Landesherren. Es gelang ihm deshalb, Herzog Friedrich I. (1593–1608) zu einer größeren Ausgrabung zu bewegen. Obwohl es sich bei den römischen Überresten in Benningen nicht um eine Stadt, sondern – wie sich erst sehr viel später herausstellte – um ein Kastell handelt, kommt Studion das Verdienst zu, als Erster auf dem Gebiet des heutigen Baden-Württembergs eine planmäßige archäologische Ausgrabung durchgeführt zu haben. Vor dem Hintergrund, dass es bis dahin üblich gewesen war, lediglich den Boden nach Schätzen zu durchwühlen, tritt Studions Grabung als umso größere Leistung hervor. Aus Isny etwa ist überliefert, dass 1490 der damalige Abt zwei Bürgern erlaubt hatte, nach verborgenen Schätzen zu graben.

Aus unserer heutigen Sicht etwas merkwürdig muten allerdings Studions Beweggründe an, sich mit den römischen Hinterlassenschaften Württembergs zu beschäftigen. Denn er betrieb die Geschichtsforschung nicht um ihrer selbst willen, sondern häufte das umfangreiche historische Material an, um es für sein Hauptwerk, ein obskures Buch mit dem Titel „Naometria“, zu verwenden. Das Werk erregte großes Aufsehen, denn Studion prophezeite darin, der letzte Papst würde 1612 unter Mitwirkung des württembergischen Herzogs gestürzt werden.

Der 1583 in Benningen entdeckte Weihestein des Publius Terminus ist das erste Zeugnis für eine didaktische Vermittlung von Archäologie in Württemberg. Simon Studion verfasste 1598 einen beschreibenden Text auf Latein, den man auf einem Marmorsockel anbrachte und zusammen mit dem Weihestein am Fundort aufstellte.

Die Übersetzung von Philipp Montanus (1731) lautet:

Mich setzte Probi Glück an diesem Ufer ein,
Ich sollte Deutschlands und der Römer Grenze sein.
Und da das Altertum mit Erde mich bedeckt,
Hat man im Pflügen mich gefunden und erweckt.
Nachdem gab Friedrichs Huld mir neuen Glanz und Schein,
Dass ich zu ewger Zeit ein Zeuge sollte sein,
Hier sei Veneria, der Römer Burg, gestanden,
Die Attals Grausamkeit nachher gemacht zu Schanden.

Durch diese neuen geistigen Strömungen war auch das Interesse der Fürstenhäuser an der römischen Antike geweckt worden, welches sich vorrangig im Sammeln römischer Antiquitäten niederschlug. Bereits Eberhard im Bart (1445–1496), Graf von Württemberg, trug eine Sammlung antiker Münzen zusammen. Auch seine Nachfolger sammelten allerlei Kunstgegenstände, jedoch ohne jegliches System. Erst unter Friedrich I. (1557–1608) wird eine herzogliche Kunstkammer urkundlich erwähnt. Um ihre Kabinette zu füllen, förderten die Landesherren die ersten systematischen archäologischen Bodeneingriffe. Die Aufzeichnungen dieser Grabungen in Benningen am Neckar und Neuenstadt am Kocher vom Ende des 16. Jahrhunderts sind heute noch erhalten. Ebenso existieren noch zahlreiche zu dieser Zeit gefundene Inschrif-

Die Zeichnung aus dem Manuskript Studions, welches in der Württembergischen Landesbibliothek aufbewahrt wird, zeigt den Weihestein des Publius Terminus mit didaktischer Ergänzung.

Römische Inschrift aus Ladenburg mit der Nennung des Namens Lopodunum.

Lopodunum, Loboduna, Lobedone, Lobodenburg, Lobdenburg, Laudemberg, Lutdenburch, Loutenburc, Loubtenburg, Loddenburch, Laudenburg, Ladenburg – Die Erforschung von Ortsnamen

Wie so viele Ortsnamen in Süddeutschland besitzt auch der in römischer Zeit gebräuchliche Name Ladenburgs „Lopodunum“ einen keltischen Ursprung. Er wird von dem antiken Schriftsteller Ausonius überliefert. Dieser äußerte sich jedoch nicht näher zur Lage „Lopodunums“, sodass eine Lokalisierung des Ortes allein aufgrund dieser Textstelle nicht möglich ist. Als Glücksfall stellte sich deshalb die kontinuierliche Veränderung des Stadtnamens von Ladenburg im Laufe des Mittelalters heraus. Als Erster erkannte Marquard Freher (1565–1614) diese Zusammenhänge im Jahr 1599. Denn nach eingehendem Studium der mittelalterlichen Urkunden kam der Heidelberger Professor zu dem Schluss, dass mit „Lopodunum“ Ladenburg gemeint sein müsse.

Nach immer wieder aufflackernder Diskussion um die Richtigkeit des Namens fanden sich schließlich um die Mitte des 19. Jahrhunderts mehrere Bruchstücke einer römischen Inschrift, welche den Namen „Lopodunum“ nennt. Damit war nach 250 Jahren endlich der unwiderlegbare Beweis erbracht.

Zusammen mit der erwähnten Inschrift fand sich ein Weihestein an einen Genius „CVSN“. Ein Genius kann für das „göttliche“ Wesen vielerlei Dinge oder Personen stehen, etwa für jenes des Kaisers, einer Stadt oder eines Gemeinwesens. Damit war erneut eine spannende Frage aufgetaucht: Welcher Genius ist mit „CVSN“ gemeint?

Verglichen mit dem Nachweis des Ortsnamens herrschte jedoch bereits nach recht kurzer Zeit Klarheit über die Auflösung der Inschrift. 1893 fand Karl Zangemeister (1837–1902) heraus, dass der Name „Cives Sueba Nicres“ auf einem in Frankreich gefundenen Grabstein ein Mitglied der Bürgerschaft der Neckarsueben bezeichnet. Er löste „CVSN“ deshalb als „Civitas Ulpia Sueborum Nicretum“ auf. Dies bedeutet „die Bürgerschaft der Neckarsueben“, die zusätzlich den Gentilnamen „Ulpius“ des Kaisers Trajanus (98–117 n. Chr.) trägt, woraus man eine Gründung in dessen Regierungszeit folgern kann. Da sich die Entfernungsangaben auf vielen römischen Meilensteinen aus Heidelberg und Ladenburg auf Lopodunum beziehen, muss die Siedlung der „Hauptort“ dieser Verwaltungseinheit gewesen sein.

Es ist nicht ganz klar, ob sich die einheimische Bevölkerung um Ladenburg bereits in vorrömischer Zeit „Neckarsueben“ nannte. Der Name ist uns jedenfalls erst durch die Inschriften römischer Zeit bekannt. Es scheint, dass die Eroberer diejenigen Germanen, welche sie an der Neckarmündung antrafen, zur Unterscheidung von anderen germanischen Stämmen Neckarsueben nannten; übrigens: Aus „Sueben“ oder „Sweben“ entstand der heutige Begriff „Schwaben“.

tensteine auf Latein. Man erkannte sie als Zeugnisse der römischen Vergangenheit des Landes, und dank der fürstlichen Sammelleidenschaft haben sie bis heute überdauert.

Mit dem 30-jährigen Krieg (1618–1648) nahm diese erste Blütezeit der Römerforschung allerdings ihr vorläufiges Ende. Erst nachdem sich das Land von den verheerenden Folgen des Krieges erholt hatte, lebte das Interesse an den Römern in der zweiten Hälfte des 18. Jahrhunderts wieder auf.

Fürsten und Privatgelehrte

Das 18. Jahrhundert brachte eine deutliche Zunahme der Beschäftigung mit den römischen Altertümern. Die Zahl der Forscher, gerade aus der Schicht des gebildeten Bürgertums, vergrößerte sich. Auch die Forschungsmethoden wurden vielschichtiger. Das bloße Sammeln von Antiquitäten sowie das unbekümmerte Kombinieren und Deuten von Einzelbeobachtungen oder antiken Textstellen trat zugunsten eines systematischen Forschungsansatzes zurück. Im Vordergrund stand nun zunächst eine Fragestellung, der es auch anhand der zunehmend ins Blickfeld rückenden Kleinfunde, wie Münzen und Keramik, nachzugehen galt. Auf diese Weise entstanden die ersten grundlegenden Werke zum Verlauf des römischen Limes oder die ersten systematischen Zusammenstellungen römischer Steindenkmäler.

Auf der anderen Seite förderten die ersten Ausgrabungen in Italien und die verstärkte Beschäftigung mit der klassischen antiken Kunst, gerade in den deutschen Fürstenhäusern, auch eine rein romantische Betrachtung der Vergangenheit. Diese äußerte sich in der Errichtung von Parkanlagen mit teils echten, teils frei nachgebauten Ruinen. Die „Englische Anlage“ oder „Das Dörfle“ des Herzogs Carl Eugen (Reg. 1744–1793) in Hohenheim gehörte sicher zu den eindrucksvollsten Anlagen dieser Art. Der pfälzische Kurfürst Carl Theodor (Reg. 1741–1799) ließ einen solchen Park in Schwetzingen errichten. Im Gegensatz zur Hohenheimer Anlage ist dieser heute noch vollständig erhalten.

Auch Kurfürst Carl Theodor ließ Fantasie-Ruinen nachbauen: Merkurtempel im Schwetzinger Schlossgarten.

Die Fürsten dachten zwar oft, aber nicht nur, an ihr eigenes Vergnügen. Als Mäzene förderten viele von ihnen Kunst und Kultur. Carl Theodor etwa ist die Gründung der Kurpfälzischen Akademie der Wissenschaften zu verdanken.

Nun setzten in größerem Maße auch archäologische Ausgrabungen ein. Der Markgraf von Baden, Karl Friedrich (Reg. 1738–1811), ließ die Thermen von Badenweiler untersuchen und Carl Eugen von Württemberg das römische Kastell von Köngen. Karl Egon II. (1796–1854), Fürst zu Fürstenberg, war von der Tatsache, dass die römischen Hinterlassenschaften Hüfingens mit dem Ort „Brigobanne“ der „Tabula Peutingeriana“ in Verbindung gebracht werden konnten, so fasziniert, dass er 1820 die Ausgrabung und Konservierung des Kastellbades veranlasste. Der bereits damals errichtete Schutzbau sollte die Ruinen erhalten und für die Öffentlichkeit begehbar machen.

„Die drei Säulen des Donnernden Jupiter“ im „Englischen Dörfle“ von Hohenheim. Victor von Heideloff um 1800, Aquatinta, coloriert.

Viele Landesherren erließen Edikte, die den Einlieferern gefundener Antiquitäten Entschädigung versprachen. Im Zuge größerer Prachtentfaltung verlagerten die Fürsten den Schwerpunkt des

Bereits 1821 ließ Fürst Karl Egon II. einen Schutzbau über der römischen Badeanlage von Hüfingen errichten. Der heute noch erhaltene Bau gehört damit zu den ältesten seiner Art in Deutschland, weshalb er zusammen mit dem römischen Bad zum Kulturdenkmal erklärt wurde.

Sammelns jedoch mehr und mehr auf Gemälde, welche sie für die Ausstattung ihrer prunkvollen Schlossneubauten benötigten.

Besonders der Limes zog im 18. Jahrhundert verstärkt Auf-

Johann Daniel Schöpflin – Geschichtsforscher links und rechts des Rheins

Auf Johann Daniel Schöpflins (1694–1771) Anregung hin wurde 1763 die Kurpfälzische Akademie der Wissenschaften unter Kurfürst Carl Theodor gegründet, deren historische Klasse sich besonders aktiv um die Erforschung der römischen Geschichte kümmerte. An alle Gemeinden verschickte die Akademie 1771 Fragebögen auf der Suche nach Antiquitäten.

In seinem zweibändigen Werk „Alsatia Illustrata“ hat Schöpflin unter anderem römische Denkmäler erfasst, nicht nur aus dem Elsass, sondern auch aus rechtsrheinischen Gebieten. Dabei versuchte er konsequent, die schriftlichen Quellen mit den archäologischen Funden in Beziehung zu setzen.

„Die drei Säulen des Donnernden Jupiter“ im „Englischen Dörfle“ von Hohenheim sind ein anschauliches Beispiel für die fürstliche Vorliebe, Ruinen nachzubauen. Der Stein für die Säulen war 1778 bei Plattenhardt gebrochen worden. Scheinbar waren die zugehörigen Kapitelle 1785 aber immer noch nicht fertig gestellt. Hierzu sei ein sehr eindrücklicher Brief des Bildhauers Hornung an Herzog Carl Eugen vom 8. April 1785 zitiert:

„Durchlauchtigster Herzog, gnädigster Herzog und Herr! Ich wollte euer Herzogl. Durchlaucht fußfälligst bitten, wegen meiner betrübten Umstände ich mir nicht mehr weiß zu helfen, ich den vorigen Winter schon hab alles setzen müssen wegen Holz ins Haus, das meine sechs kleine unerzogene Kinder mir das Leben durchgebracht und an jetzo diesen harten Winter foligst so ausgezehrt, dass ich ärmer bin als ein Bettler auf der Straß. Wenn euer Herzogl. Durchlaucht mir das Wenige zufließen ließen, ich wollte es ansehen als ein großes Geschenk, das ich und der meinigen Blöße könnte decken, ich offeriere mich um die Kost eurer Herzogl. Durchlaucht, die drei großen Kapitäl zu verfertigen auf dem hochgräflichen Gut im Englischen Dorf, wenn eurer Herzogl. Durchlaucht mir anjetzo dieses angedeihen lassen. Ich ersterbe in tiefster Submission alleruntertänigster Knecht Gottfried Hornung.“

Der Herzog, welcher in seiner Verschwendungssucht wohl keinen realen Bezug zum Leben seiner Untertanen hatte, schien recht unbeeindruckt und ließ Hornung „zur Geduld verweisen“, mit der Versicherung, dass er möglichst bald auf seine Bezahlung Rücksicht nehmen wolle.

merksamkeit auf sich. Privatgelehrte arbeiteten, oft im Auftrag ihrer Landesherren, um Fragen der Datierung oder des Verlaufs zu klären. Dabei stellte die Verbindung der in Hessen, Württemberg und Bayern nur isoliert betrachteten Streckenabschnitte die größte Herausforderung dar.

Nachdem lange Zeit Kaiser Probus (276–282 n. Chr.) als Erbauer des Limes galt, gelang es Pfarrer Christoph Wägemann (1666–1713), seine Errichtung in die Zeit Hadrians (117–138 n. Chr.) zu datieren – dank der genauen Studie der „Historia Augusta“, einer um 400 n. Chr. entstandenen Sammlung von Kaiserbiografien. Der Weißenburger Rektor Johann Alexander Döderlein (1675–1745) schrieb 1723 die erste Monographie in deutscher Sprache zum römischen Grenzwall.

Dem Gelehrten Christian Ernst Hanßelmann (1699–1775) ging es neben der ausgrabenden Forschung auch um die Erhaltung der römischen Hinterlassenschaften. In zwei umfangreichen Werken

Ansicht der Kunstkammer der Herzöge von Württemberg im Alten Lusthaus in Stuttgart. Radierung von L. Sommer um 1680.

Dem Fund einer römischen Goldmünze in Köngen im Herbst 1782 ist es zu verdanken, dass sich das herzogliche Münzkabinett für die dort im Boden befindlichen Altertümer interessierte. Herzog Carl Eugen befahl alsbald seinem Oberamtmann Johann Eberhard Roser (1740–1789) in Köngen eine archäologische Grabung zu unternehmen. Der damalige Schriftverkehr zwischen Roser, dem Leiter des Münzkabinetts Antiquarius Vischer und dem Herzog ist zum Teil noch im Original erhalten.

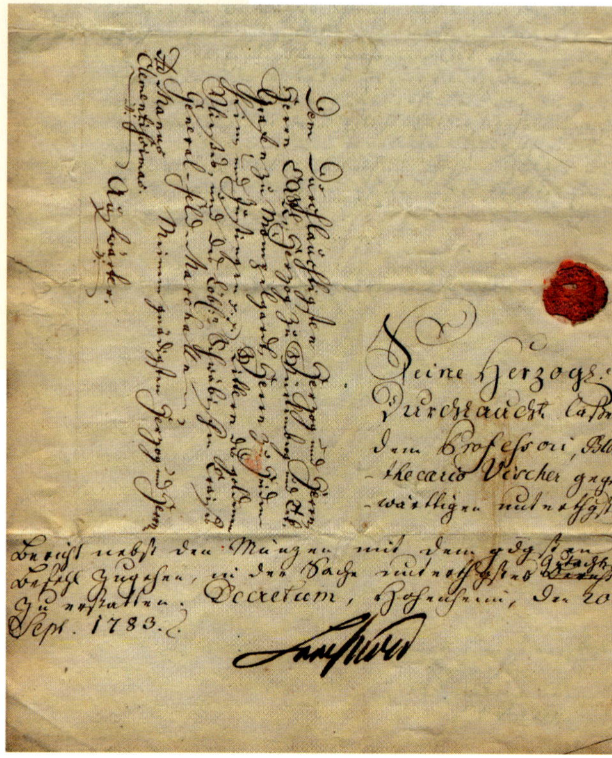

veröffentlichte er die Ergebnisse seiner langjährigen Arbeit. Er war der Erste, der die Analyse der literarischen und epigraphischen Quellen mit Untersuchungen im Gelände sowie den Ergebnissen der eigenen Ausgrabungen verband.

Plan der 1784 entdeckten römischen Bäder von Badenweiler.

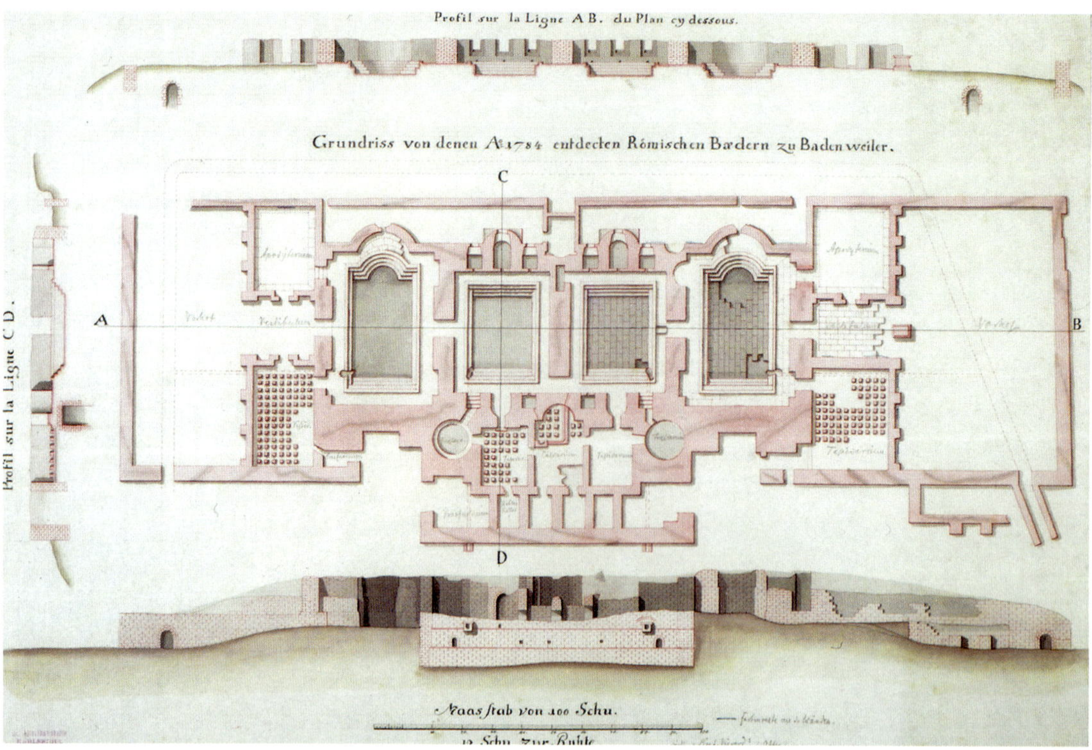

„Die größte und kostbarste Römerruine rechts des Rheins" – Die Thermen von Badenweiler

Diese Worte aus dem Munde des Freiherrn Wilhelm von Edelsheim (1737–1793) lassen die große Bewunderung und Wertschätzung des markgräflich-badischen Ministers für die römische Baukunst erkennen. Edelsheim konnte scheinbar auch seinen Landesherrn Markgraf Karl Friedrich (Reg. 1738–1811) von der Wichtigkeit der Badenweiler Anlage überzeugen. Denn dieser ließ nach der Entdeckung des Bades 1784 sicherstellen, dass die Ruinen, welche eigentlich zum Abbruch vorgesehen waren, ausgegraben wurden. Noch im selben Jahr entschied man sich, das für hiesige Verhältnisse außerordentlich gut erhaltene Gebäude mit einem Schutzbau zu versehen.

Die 92 m langen und 33 m breiten Thermen mit bis zu zwei Meter hohem erhaltenem Mauerwerk suchen hierzulande vergeblich ihresgleichen. Der weit gereiste Edelsheim drückt es so aus: „Selbst die in Rom befindlichen Bäder des C. Titus geben keinem so augenscheinliches Beyspiel der römischen Bäder wie die Hiesigen". Grund genug, sich auch in den Folgejahren intensiv mit dem römischen Bad in Badenweiler wissenschaftlich zu beschäftigen. Man grub die Anlage weiter aus, vermaß sie und erstellte Pläne und Rekonstruktionen.

Besonders der Versuch des großherzoglichen Oberbaudirektors Friedrich Weinbrenner (1766–1826), das antike Erscheinungsbild der Ruine aufgrund antiker Texte zu erschließen, ist hier hervorzuheben. Während eines Studienaufenthaltes in Rom erkannte er große Unterschiede zwischen den dortigen Bädern und der Anlage in Badenweiler. Er vermutete deshalb einen griechischen Architekten als Erbauer. Der griechische Schriftsteller Lukian (ca. 120–180 n. Chr.) beschreibt in seiner Abhandlung „Hippias oder das Bad" eine Thermenanlage, welche Weinbrenner als Grundlage für seine Rekonstruktion benutzte. Lukian lässt allerdings derart viele Fragen offen, dass Weinbrenner seiner Fantasie freien Lauf lassen konnte. Entsprechend war das Ergebnis, das Hermann Mylius (1882–1964) in den frühen 1930er-Jahren aufgrund eigener Grabungen und Beobachtungen korrigieren konnte. Seine Arbeit ist bis heute die zuverlässigste und umfassendste Quelle zu diesem bedeutenden antiken Baubefund.

Rekonstruktion der Badenweiler Thermen von Friedrich Weinbrenner 1812/22.

Rekonstruktion des letzten Bauzustandes der Badenweiler Thermen durch Hermann Mylius 1936.

Ansicht der Badenweiler Thermen 2002.

Auf den Spuren des Limes

Christian Ernst Hanßelmann (1699–1775).

„Ohngefehr 600 Schritt vor dem obern Thor hiesiger Stadt, allernechst an dem so genannten Rendelstein". In diesem Wortlaut gibt Christian Ernst Hanßelmann (1699–1775), Archivar im Dienste der Grafen von Hohenlohe, die Fundstelle eines Ensembles römischer Hinterlassenschaften in Öhringen aus dem Jahre 1741 an. Es handelte sich hierbei um den steinernen Kopf einer römischen Kaiserin, zwei Inschriftenfragmente sowie das Bruchstück eines Altars.

Hatte Hanßelmann bis zu diesem Zeitpunkt kein besonderes Interesse an der Antike gezeigt, so sollten die Funde seine Leidenschaft für provinzialrömische Geschichte wecken. Weiteren Auftrieb erfuhr seine Neigung durch die Preisaufgabe der „Königlich Preußischen Akademie der Wissenschaften" für das Jahr 1748. Die Bewerber sollten sich mit der Frage beschäftigen, welche Ausdehnung das von den Römern in Süddeutschland besetzte Gebiet besaß. Hanßelmanns Ausarbeitung erhielt zwar nicht die erhoffte Würdigung, doch ließ sich der Forscher nicht entmutigen. Ganz im Gegenteil. Er stellte sich 1765 einer weiteren Preisaufgabe, ausgeschrieben von der Mannheimer Akademie, die vorrömischen „Völcker" auf dem Gebiet der Kurpfalz zu erforschen.

Im Jahre 1766 entschloss sich Hanßelmann, das Gebiet der Funde von 1741 archäologisch zu untersuchen, und entdeckte das erste Kohortenkastell „Untere Bürg" in Öhringen. Die Grabungen sollten in den Folgejahren fortgesetzt werden. Dabei stieß Hanßelmann auf ein zweites Kastell, das so genannte „Rendelkastell". Seine Forschungen in den Kastellorten Mainhardt und Jagsthausen warfen sodann die Frage nach dem weiteren Verlauf des Limes auf. Es kann unbestreitbar als Hanßelmanns Verdienst gelten, als Erster die geradlinige Trassierung des obergermanischen Grenzwalles erkannt zu haben. Er veröffentlichte seine Ergebnisse 1768 und 1773 in zwei großen Werken.

Auch auf dem Gebiet der Denkmalpflege erwies sich Hanßelmann als Vordenker. Er schreibt über die römischen Hinterlassenschaften in Jagsthausen: „[...] damit ein solches schätzbares Ueberbleibsel des Alterthums nicht, wie fast insgemein zu geschehen pflegt, beym Nachgraben vollends zerstöret, sondern vielmehr alles, wie es gefunden wird, in seinem Stand erhalten, anbey auch vor allen Überfällen unverständiger Leute, durch eine besondere Einfassung, sicher gestellt, und solcher Gestalt für späte Nachkommenschaft aufbehalten werden mögte" (Hanßelmann, Beweiß 1768, S. 78).

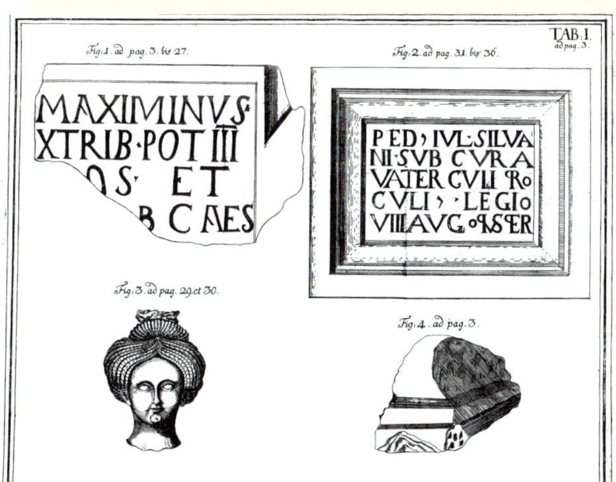

Doch auch dieser große Pionier der provinzialrömischen Archäologie war nicht völlig frei von einem Lokalpatriotismus, der ihm die unvoreingenommene Sicht auf die Dinge verstellte. Hanßelmann bot sich das Bild einer intensiven römischen Siedlungstätigkeit, die ihm weit über das hinauszugehen schien, was einem Militärplatz an der Germanengrenze angemessen war. Er ließ sich deshalb zu der Aussage hinreißen, es handele sich bei Öhringen um die antike Stadt „Arae Flaviae". Spätere Forschungen sollten aber zeigen, dass dieser Ort mit dem antiken Rottweil gleichzusetzen ist.

Zeichnung aus Hanßelmanns großem Werk. Sie zeigt die Funde von 1741, welche Hanßelmanns Interesse für die römische Archäologie weckten.

Vom Hobby zum Beruf

Altertumsvereine und privates Engagement

Nach den napoleonischen Kriegen konnte sich das geschichtliche Interesse breiter bürgerlicher Kreise frei entfalten. Zumeist die „Honoratioren“ eines Ortes, wie Pfarrer, Lehrer, Förster und Apotheker, betrieben ihre eigenen archäologischen Forschungen. Gleichzeitig entfachten zahlreiche Gründungen von Altertumsvereinen in der Bevölkerung eine enorme Begeisterung für die als Ideal angesehene Vergangenheit. Durch regelmäßig erscheinende Schriften nahmen die Vereine Aufgaben der „Öffentlichkeitsarbeit“ wahr. Daneben kanalisierten sie auch die Aktivitäten der Privatleute und leisteten aktiv mit der Durchführung eigener Grabungen und dem Aufbau von Sammlungen wichtige Beiträge zur römischen Archäologie. Der Gründer der „Sinsheimer Gesellschaft zur Erforschung der vaterländischen Denkmale der Vorzeit“, Pfarrer Karl Wilhelmi (1786–1857), entwickelte neue Ausgrabungsmethoden, welche dem archäologischen Befund mehr Gewicht beimaßen als das bisher der Fall war.

Mit dem Anspruch, sich landesweit um die Altertümer zu bemühen, gründete sich im Jahre 1843 der Württembergische Altertumsverein in Stuttgart und ein Jahr später der Altertumsverein für das Großherzogtum Baden in Baden-Baden.

Die Herausbildung einer staatlich organisierten Denkmalpflege im 19. Jahrhundert

Das 19. Jahrhundert stellt für die Römerforschung die Zeit der Herausbildung von Organisationsformen dar, die der systemati-

Die von E. Paulus d. Ä. herausgegebene „Archäologische Karte von Württemberg“ stellte wichtiges Grundlagenmaterial nicht nur für die provinzialrömische Forschung dar. Durch die Erarbeitung dieser Karte war es erstmals möglich, Fundstellen exakt zu lokalisieren. Abgebildet sind zwei Ausschnitte der dritten Auflage (1876).

Der Leiter des Statistisch-Topographischen Bureaus Eduard Paulus d. Ä. (1803–1878).

schen Erforschung der Altertümer Rechnung tragen sollten. 1820 kam es in Württemberg zur Gründung des Statistisch-Topographischen Bureaus, das neben seiner Hauptaufgabe, der Landesvermessung und Kartographie, die Funktion einer staatlichen Zentralstelle für die Römer- und Limesforschung einnahm. Ihm zur Seite stand seit 1822 der wie eine Akademie organisierte „Verein für Vaterlandskunde", welcher in der archäologischen Denkmalpflege allerdings recht ineffektiv blieb. Dagegen begann das Statistisch-Topographische Bureau unter der Leitung von Eduard Paulus d. Ä. (1803–1878) mit der Publikation wichtigen Grundlagenmaterials für die archäologische Forschung in Form der bekannten Oberamtsbeschreibungen sowie der „Archäologischen Karte von Württemberg". 1858 schließlich kam es zur Gründung des „Conservatoriums für die vaterländischen Kunst- und Altertumsdenkmale", also eines staatlichen Amtes für Denkmalpflege.

Die Denkmalpflegeorganisation in Baden begann 1853 mit der Ernennung des Architekten und Hofmalers August von Bayer (1803–1875) zum „Conservator der Kunstdenkmale". Kraft des großherzoglichen Ernennungsdekretes hatte er sich mit allen großherzoglichen Verwaltungsbehörden, mit dem Altertumsverein sowie mit Privatpersonen ins Benehmen zu setzen, sie um Mitteilungen über vorhandene Denkmale anzugehen, sie über den Wert und die Bedeutung der Denkmale zu belehren und ihnen Vorschläge zu deren Erhaltung zu machen. Noch im selben Jahr entwarf er deshalb einen Fragebogen, den er jeder Gemeinde im Großherzogtum Baden zukommen ließ, um möglichst alle Kulturdenkmale zu erfassen.

Der „Conservator der Kunstdenkmale" im Großherzogtum Baden August von Bayer (1803–1875).

Nach dem Tode August von Bayers 1875 übernahm Ernst Wagner (1832–1920) dessen Aufgabe als badischer Konservator der Ur- und Frühgeschichte und 1882 auch der übrigen Kunstdenkmale. Wie von Bayer führte auch er 1881 und 1883 zwei Fragebogenaktionen durch, um den Bestand an Kunstdenkmalen in Baden zu erfassen. Auf dieser Grundlage gab er das zweibändige Werk *„Fundstätten und Funde aus vorge-*

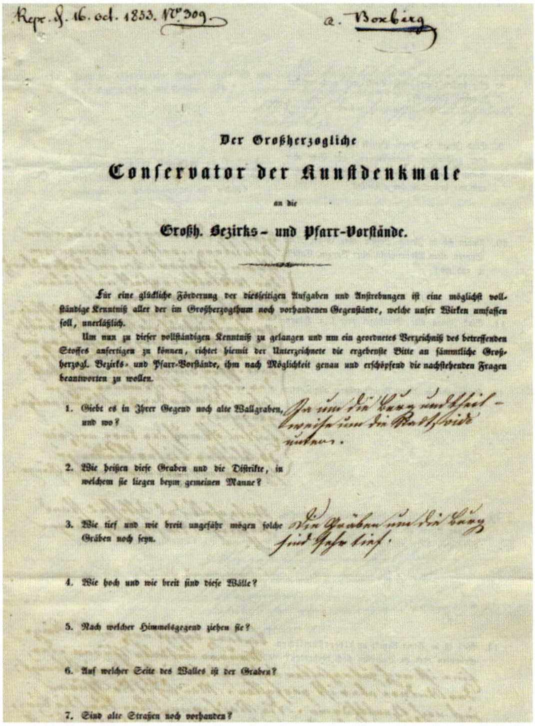

a. Boxberg

Der Großherzogliche

Conservator der Kunstdenkmale

an die

Großh. Bezirks- und Pfarr-Vorstände.

Für eine glückliche Förderung der diesseitigen Aufgaben und Anstrebungen ist eine möglichst vollständige Kenntniß aller der im Großherzogthum noch vorhandenen Gegenstände, welche unser Wirken umfassen soll, unerläßlich.

Um nun zu dieser vollständigen Kenntniß zu gelangen und um ein geordnetes Verzeichniß des betreffenden Stoffes anfertigen zu können, richtet hiemit der Unterzeichnete die ergebenste Bitte an sämmtliche Großherzogl. Bezirks- und Pfarr-Vorstände, ihm nach Möglichkeit genau und erschöpfend die nachstehenden Fragen beantworten zu wollen.

1. Giebt es in Ihrer Gegend noch alte Wallgraben, und wo?
2. Wie heißen diese Graben und die Distrikte, in welchem sie liegen beym gemeinen Manne?
3. Wie tief und wie breit ungefähr mögen solche Gräben noch seyn.
4. Wie hoch und wie breit sind diese Wälle?
5. Nach welcher Himmelsgegend ziehen sie?
6. Auf welcher Seite des Walles ist der Graben?
7. Sind alte Straßen noch vorhanden?

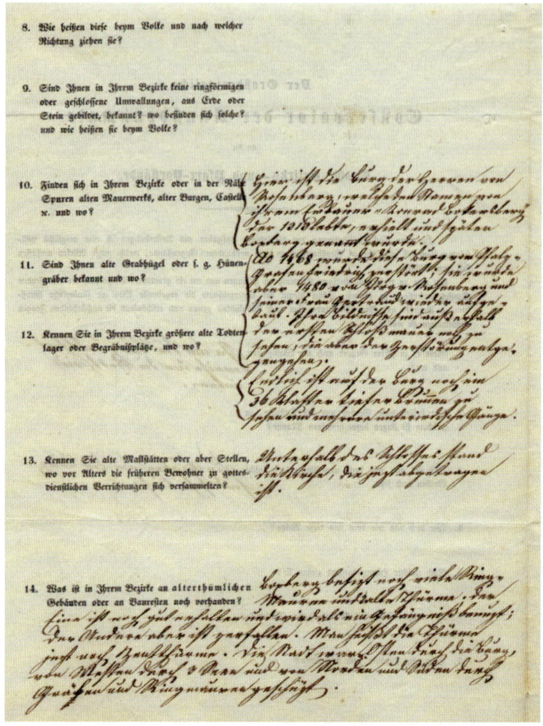

8. Wie heißen diese beym Volke und nach welcher Richtung ziehen sie?
9. Sind Ihnen in Ihrem Bezirke keine ringförmigen oder geschlossene Umwallungen, aus Erde oder Stein gebildet, bekannt? wo befinden sich solche? und wie heißen sie beym Volke?
10. Finden sich in Ihrem Bezirke oder in der Nähe Spuren alten Mauerwerks, alter Burgen, Castelle rc. und wo?
11. Sind Ihnen alte Grabhügel oder s. g. Hünengräber bekannt und wo?
12. Kennen Sie in Ihrem Bezirke größere alte Todtenlager oder Begräbnißplätze, und wo?
13. Kennen Sie alte Mallstätten oder aber Stellen, wo vor Alters die früheren Bewohner zu gottesdienstlichen Verrichtungen sich versammelten?
14. Was ist in Ihrem Bezirke an alterthümlichen Gebäuden oder an Baureßen noch vorhanden?

Fragebogen, den August von Bayer 1853 an alle Verwaltungsbehörden im Großherzogtum Baden verschickte.

Porträt Theodor Mommsen

Der Nobelpreisträger und Römerforscher Theodor Mommsen (1817–1903), Professor für Alte Geschichte in Berlin. Auch heute noch gilt das in flammenden Worten vorgetragene Plädoyer für den Limes, das Mommsen 1892 vor dem Reichstag gehalten hat:

„Der Limes ist das älteste historische Bauwerk, welches Deutschland besitzt, seine Aufklärung ebenso folgenschwer für die Geschichte des Römerreiches, das nicht bloß an seiner germanischen Grenze sich nach diesem System geschützt hat, wie für die Urgeschichte unseres Vaterlandes. Das geeinigte Deutschland wird jetzt nachzuholen haben, was bei Ungunst früherer Zeit unterblieben ist. Es darf aber nicht vergessen werden, dass von den erhaltenen Zeugen dieser fernen Vergangenheit jeder Tag weiteres abbröckelt; was geschehen soll, muss bald geschehen."

Ernst Wagner (1832–1920) setzte die Arbeit als Nachfolger von August von Bayer als badischer Konservator fort.

Ernst Herzog (1834–1911), Professor für Alte Geschichte in Tübingen, war Leiter einer württembergischen Limeskommission zur Erforschung des Limes.

Ernst Fabricius (1857–1942) war neben seiner regulären Tätigkeit als Professor für Alte Geschichte an der Universität Freiburg ab 1902 alleiniger Herausgeber des Werkes „Der Obergermanisch-Raetische Limes des Roemerreiches".

Präsentation der archäologischen Funde in der „Staatssammlung vaterländischer Kunst- und Altertumsdenkmale" in der alten Landesbibliothek in der Stuttgarter Neckarstraße vor dem Ersten Weltkrieg.

schichtlicher, römischer und alamannisch-fränkischer Zeit im Großherzogthum Baden" (1908–1911) heraus. Damit lag erstmalig eine Gesamtdarstellung der Archäologie im Südwesten Deutschlands vor, die auch heute noch eine wertvolle Grundlage bildet.

Museen und Universitäten im 19. Jahrhundert

Nachdem in den gebildeten Kreisen der Bevölkerung ein solch großes Interesse an der römischen Antike bestand, war es nur eine Frage der Zeit, bis die Fürstenhäuser ihre Sammlungen öffneten und dem allgemeinen Publikum zugänglich machten. So gründete König Wilhelm I. (1817–1864) von Württemberg 1862 die „Staatssammlung vaterländischer Kunst- und Altertums-

Die konservierte römische Latrine in Rottenburg vermittelt einen anschaulichen Eindruck vom antiken Leben in der Stadt.

denkmale" nach dem Vorbild des bereits 1852 ins Leben gerufenen Germanischen Nationalmuseums in Nürnberg. In Karlsruhe entstand die „Großherzogliche Altertümersammlung", das spätere Badische Landesmuseum. Von beiden Institutionen gingen wichtige Impulse für Forschung und Denkmalpflege aus.

Das 19. Jahrhundert war auch die Zeit, in der sich die provinzialrömische Forschung an den Universitäten etablierte. Von 1818 an bereiste der Regensburger Professor für Geschichte Joseph Andreas Buchner (1776–1854) den Limes und legte seine Ergebnisse unter dem Titel *„Reisen auf der Teufelsmauer"* vor. Ungefähr zur selben Zeit unternahm Heinrich Schreiber (1793–1872), Professor für Historische Hilfswissenschaften in Freiburg, planmäßige Forschungen und Ausgrabungen. Er entdeckte die römische Siedlung von Riegel am Kaiserstuhl. Besonders herausragend sind die Leistungen Theodor Mommsens (1817–1903), von 1861–1888 Professor für Geschichte an der Universität Berlin. Für sein fünfbändiges Werk *„Römische Geschichte"* erhielt er 1902 sogar den Nobelpreis. Für die Fachwelt aber von weitaus größerer Bedeutung ist seine Herausgebertätigkeit für die Quellensammlung der Römischen Inschriften sowie seine maßgebliche Rolle bei der Gründung der Reichs-Limeskommission. Um die Erforschung des Limes hatten sich auch die beiden Professoren für Alte Geschichte Ernst Herzog (1834–1911, Tübingen) und Ernst Fabricius (1857–1942, Freiburg) besonders verdient gemacht: Herzog als Leiter einer Württembergischen Limeskommission und Fabricius als Vorsitzender der Reichs-Limeskommission.

Die Fälschungen aus Rottenburg

Franz Ignaz von Jaumann (1778–1862).

Der 13. Oktober 1834 war für Franz Ignaz von Jaumann (1778–1862) ein wahrer Glückstag. Der damalige Stadtpfarrer und spätere Domdekan von Rottenburg fand an diesem Tag eine römische Scherbe mit der Inschrift SVMLOC. Bereits seit geraumer Zeit hatte er sich mit dem antiken Rottenburg und besonders mit dessen Namen beschäftigt. Jedoch fehlten ihm bis dahin die Beweise für seine Theorie, der römische Name von Rottenburg laute „Sumlocenne". Sein Gegenspieler in dieser Frage, der zu diesem Zeitpunkt bereits verstorbene badische Archivrat Ernst Julius Leichtlen (1791–1830), hatte nämlich die Schreibweise „Sumalocennae" vertreten. Durch diesen glücklichen Fund nun schien der Streit für Jaumann entschieden. Damit aber nicht genug. In den folgenden Jahren häuften sich die Inschriftenfunde und untermauerten wie auf Bestellung Jaumanns Bild von der römischen Stadt auf Rottenburger Boden.

Es ist in der Tat bemerkenswert, dass Jaumann keinerlei Zweifel an der Echtheit seiner Funde hegte. Dass die im Boden gefundene Keramik, welche die Inschriften trug, römisch war, reichte ihm scheinbar als Beweis aus. Er ahnte nicht, dass sich seine Freunde einen bösen Scherz mit ihm erlaubten. Professor Drey aus Tübingen und Domkapitular Vanotti, denen er laufend von seinen Forschungen berichtet hatte, beschlossen wohl eines Tages, die „Geschichte" selbst in die Hand zu nehmen. Sie fertigten Inschriften und versteckten sie an Plätzen, von denen sie sicher waren, dass Jaumann dort nach römischen Hinterlassenschaften suchte.

Nachdem sie Jaumann mit dem antiken Stadtnamen von Rottenburg glücklich gemacht hatten, gingen sie einen Schritt weiter und gaben der Siedlung ein Gesicht. Inschriften wie C SVMLOCENE oder COL SVML für „Colonia Sumlocenne" beinhalten die Bezeichnung der rechtlichen Stellung Rottenburgs in römischer Zeit. Eine römische Colonia war eine Ansiedlung mit nahezu denselben Rechten wie die Hauptstadt Rom. In einer solchen Stadt mussten natürlich auch hochrangige Beamte ansässig gewesen sein. Kein Problem für die Fälscher. Sie schufen kurzerhand Inschriften, die PRAEFekten, PRAEtoren und CVRatoren nennen. Weiterhin war man der Ansicht, zu einer römischen Kolonie gehörten auch Soldaten, wie verschiedene Ziegel mit Stempeln der 8. und 22. Legion sowie der 3. Helveterkohorte zeigen.

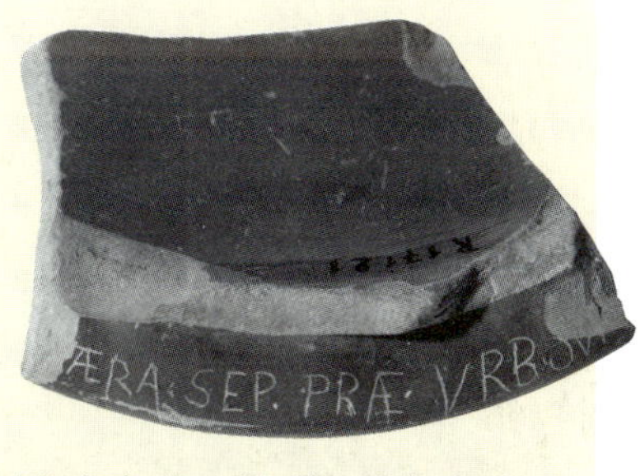

Römische Terra-Sigillata-Scherbe, in die Jaumanns Freunde eine Inschrift in römischer Manier eingeritzt hatten.

In Württemberg erkannte niemand den Betrug, und Jaumann veröffentlichte 1840 „im Auftrag des Vereins für Vaterlandskunde" seine Forschungen unter dem Titel „Colonia Sumlocenne". Erst 1851 äußerte Karl Klein in Mainz zaghaft Bedenken. Im Folgejahr schließlich holte der bekannte Althistoriker Theodor Mommsen zum entscheidenden Schlag aus. Er erklärte vor der Königlich-Sächsischen Gesellschaft der Wissenschaften in Leipzig, dass es endlich an der Zeit sei, gegen den Betrug Protest einzulegen. Eine Kommission aus hochrangigen Wissenschaftlern, die sich mit dem Fall befasste, entlarvte die Inschriften schließlich als Fälschungen. Das Misstrauen gegenüber Funden aus Rottenburg, auch den echten, ging indes so weit, dass man fast alles von dort für gefälscht hielt.

Heute können wir mit einigem Abstand zu den vorgefallenen Dingen jedoch sagen, dass nicht alles erfunden war. Die Funde und Befunde von Rottenburg zeichnen das Bild einer großen römischen Siedlung – wenn auch keiner „colonia" –, die den Namen „Sumelocenna" trug.

Aus der Entfernung erscheint uns Jaumann als tragische Gestalt. Denn nicht er dachte sich diese Eulenspiegeleien aus. Jaumann war selbst ein Opfer. Man kann ihm mangelnden kritischen Scharfsinn vorwerfen, jedoch keine betrügerische Absicht.

Das 1834 in Rottweil entdeckte Orpheus-Mosaik.

Eine echte römische Stadt

Römische Kupfermünze (As) des Augustus, die in Lyon in großen Mengen geprägt wurde. Sie zeigt auf der Rückseite den Altar für den Kaiserkult von Lugdunum (Lyon). Der Altar wird von zwei Siegesgöttinnen (Victorien) flankiert, an seiner Vorderseite ist in der Mitte ein Kranz angebracht. Ähnlich könnte der Altar in Rottweil ausgesehen haben.

Rottweil, das antike „Arae Flaviae", ist der einzige Ort auf dem Boden Baden-Württembergs, der sich mit Fug und Recht auf eine römische Stadt zurückführen kann. Denn eine 1950 gefundene hölzerne Schreibtafel nennt das „municipium Aris" – die Stadt „Arae Flaviae". Der Name bedeutet wörtlich „Altäre der Flavier". Die Flavier waren eine kaiserliche Dynastie, die 69 n. Chr. mit Kaiser Vespasianus (69–79 n. Chr.) die Macht im Römischen Reich übernahm. In den römischen Provinzen war es üblich, einen zentralen Kaiserkult mit zugehörigem Tempel und Altar zu etablieren. Dort versammelte sich die Bevölkerung an Festtagen, um in feierlichen Zeremonien und Opfern ihrer Verbundenheit mit dem Kaiserhaus und der Stadt Rom Ausdruck zu verleihen.

Leider hat man diesen Altar bis heute nicht gefunden. Man kann ihn sich vielleicht ähnlich wie den bekannten Altar von Lyon, das römische Lugdunum, vorstellen. Dieser ist uns durch die Abbildung auf Münzen des Augustus (27 v. bis 14 n. Chr.) überliefert.

Bereits 1784 unternahm der damalige Hofgerichtsassessor und spätere Rottweiler Bürgermeister Johann Baptist Hofer (1759–1838) die erste archäologische Untersuchung in der Altstadt. „Kaum einen Schuh tief" fanden sich schon die ersten Mauern. Hofers Finderglück hielt noch mehr für ihn bereit. Bereits bei der ersten Ausgrabung stieß er auf einen römischen Mosaikfußboden. Unter dem Eindruck des damals erst jüngst entdeckten Pompeji war dies ein sehr großer Anreiz auch für weitere Generationen, das antike Rottweil zu erforschen.

In einer römischen Villa folgte 1834 die Entdeckung eines weiteren Mosaiks durch den Geologen Friedrich von Alberti (1795–1878). Es zeigt eine der bekanntesten Szenen aus der antiken Mythologie: den Leier spielenden Orpheus unter den wilden Tieren. Wegen dieser Darstellung nennt man das Gebäude seither „Orpheus-Villa".

Römisches Holztäfelchen aus Rottweil, auf dem der antike Name der Stadt eingeritzt ist.

Der dritte Name, der eng mit der frühen Erforschung des römischen Rottweil verbunden ist, lautet Oskar Hölder (1832–1894). Auch er grub an zahlreichen Stellen im Stadtgebiet, bis man ihn aufgrund seiner Verdienste 1893 zum Verantwortlichen eines Limesabschnittes (Streckenkommissar) der Reichs-Limeskommission berief.

Die folgenden Jahrzehnte waren von kleineren Grabungen geprägt. Die wachsende Bautätigkeit in der Stadt erforderte aber ein intensiveres Engagement der Denkmalpflege, sodass man sich 1967 entschloss, in Rottweil planmäßig Ausgrabungen durchzuführen. In der Folge widmete sich ein eigens zu diesem Zweck eingerichtetes, überregional arbeitendes Referat des 1972 gegründeten Landesdenkmalamtes Baden-Württemberg den bedeutenden archäologischen Befunden. Die bis heute andauernden archäologischen Untersuchungen lassen Stück für Stück ein Bild der antiken Stadt entstehen. Im Gefolge des Militärs, dessen Anwesenheit in Rottweil durch sechs Kastelle nachgewiesen ist, entstand eine römische Stadt mit allem, was dazugehört: Forum, Tempeln, Thermen, Villen, Handwerkervierteln, einem Rasthaus und Gräberfeldern. Trotzdem ist das römische Rottweil bisher nur zu einem geringen Teil erforscht, sodass an diesem geschichtsträchtigen Ort weiterhin Arbeit auf Generationen von Archäologen wartet.

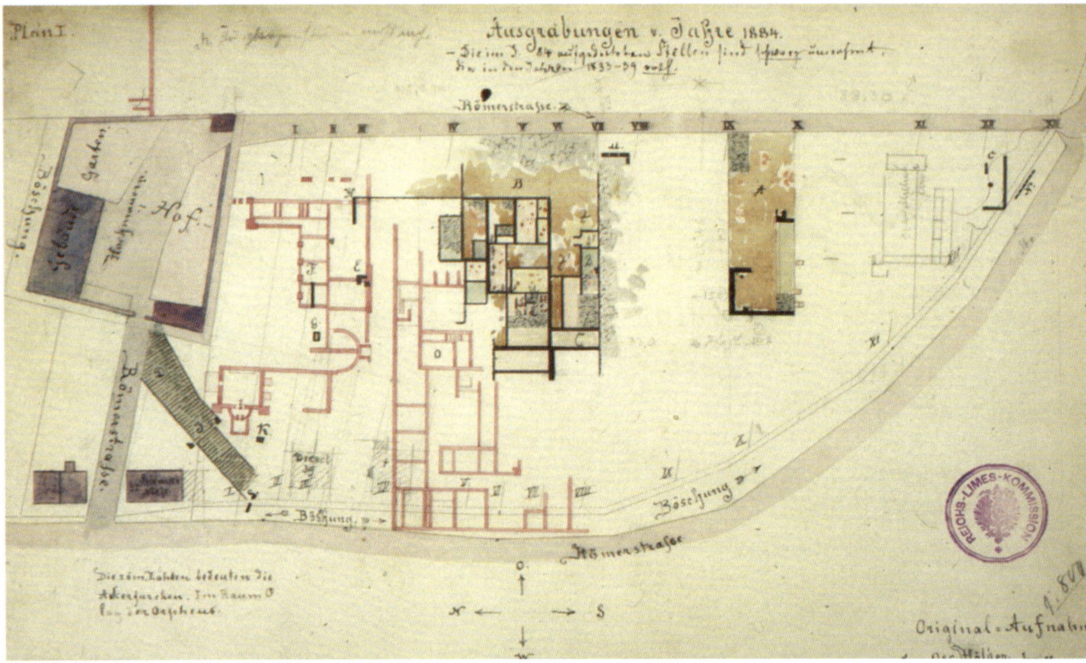

Zeichnungen römischer Befunde, die Oskar Hölder (1832–1894) 1884 in Rottweil ausgrub und in einem Grabungsbericht vorlegte.

General und Künstler – Eduard von Kallee

Nach seiner Pensionierung im Jahre 1869 begann der Württembergische Generalstabschef a.D. und illegitime Sohn König Wilhelms I., Eduard von Kallee (1818–1888), den Limes zu erforschen. Sein heute noch erhaltener Nachlass ist eine wahre Fundgrube. Neben einer Vielzahl an Berichten, Plänen und Feldbüchern, die seine archäologischen Forschungen dokumentieren, sind auch verschiedene Tuschezeichnungen und Aquarelle erhalten, welche das herausragende zeichnerische Talent Kallees bekunden.

Sein Interesse am Limes war berufsbedingt vor allem militärisch-strategischer Art. Mit diesem Ansatz gelang es ihm, sich in die taktischen Überlegungen der Römer hineinzuversetzen, und entdeckte auf diesem Wege die Kastelle der Neckarlinie sowie die beiden Standlager Unterböbingen und Schirenhof.

Eduard von Kallee (1818–1888).

Zeichnerische Rekonstruktion einer in Rottenburg ausgegrabenen Hypokaustanlage durch E. von Kallee.

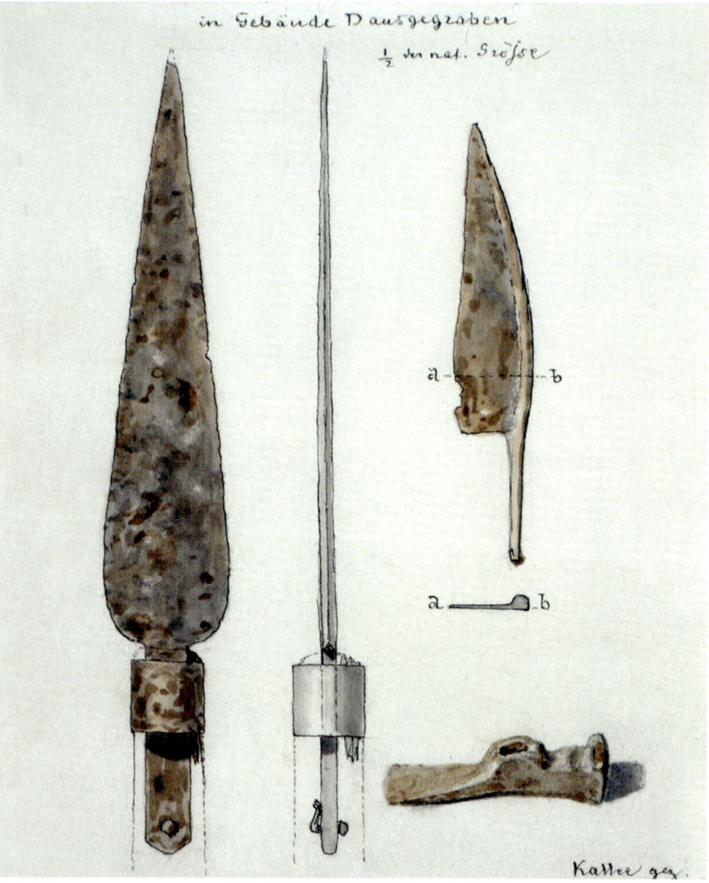

Zeichnungen Kallees von römischen Funden aus Rottenburg: Waffen und Werkzeug, Schere, Feinwaage, Glasgefäß.

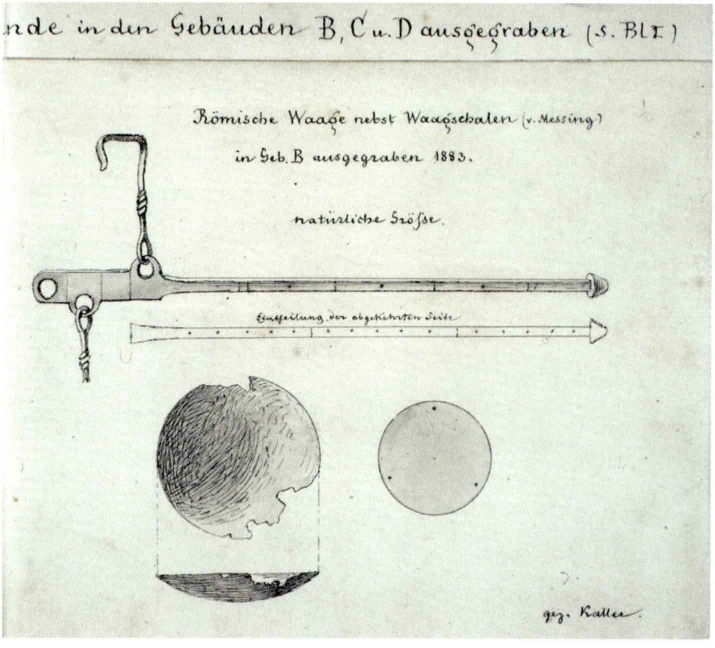

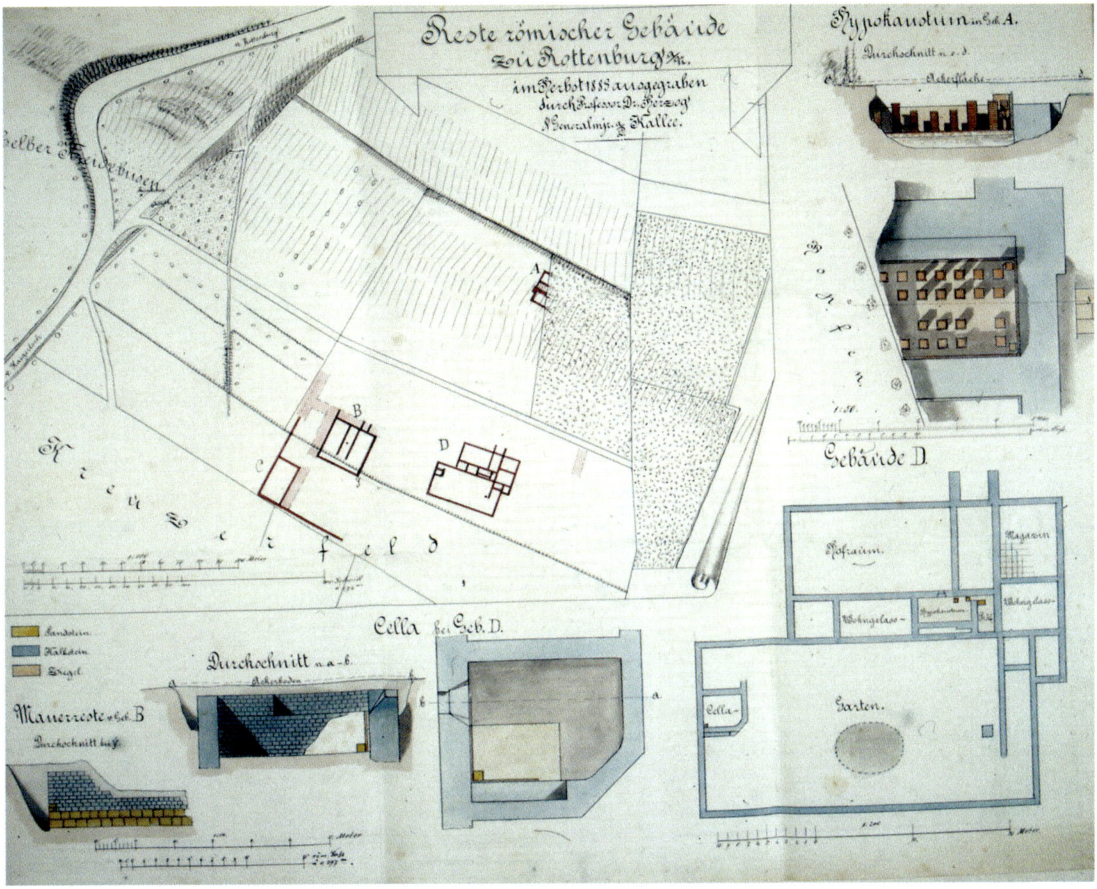

Von Kallee gezeichneter Plan der Grabungen von 1888 in Rottenburg.

Es ist nicht immer der Fall, dass Funde aus älteren Grabungen auch heute noch exakt zugeordnet werden können. Mithilfe von Kallees Zeichnung des bronzenen Ebers aus dem römischen Gutshof von Bierlingen-Neuhaus (Kreis Tübingen) kann das Original aber eindeutig identifiziert werden.

Konrad Miller erforscht das römische Oberschwaben

Konrad Miller (1844–1933) war katholischer Geistlicher. Eigentlich nichts Ungewöhnliches, würde man heute denken. Das war zu Millers Zeit anders. Nach hervorragend abgelegten Examina in verschiedenen Naturwissenschaften lehnte man 1870 sein Ersuchen um Anstellung im Lehrdienst mit der Begründung ab, in katholischen Städten sei zurzeit nichts frei und Städte anderer Konfession kämen nicht in Frage. So entschied er sich, in den kirchlichen Dienst einzutreten.

Konrad Miller (1844–1933)

Neben zahlreichen Aktivitäten auf dem Feld der Geologie und anderer Naturwissenschaften, interessierte sich Miller vornehmlich für die römische Besetzungsgeschichte Südwestdeutschlands, insbesondere Oberschwabens, also der Region ungefähr begrenzt durch Bodensee, Iller, Donau sowie im Westen durch die damaligen Grenzen von Baden und Hohenzollern. Ohne Millers Tätigkeit wäre dieser Landstrich Baden-Württembergs heute vielleicht immer noch ein weißer Fleck auf der Karte des Römischen Weltreiches. In mehreren Büchern beschrieb er das „römische Straßennetz", die „römischen Begräbnisstätten" und die römische Besiedlung Oberschwabens. Dazu kommt die Neuauflage der Beschreibung der Altertümer im Oberamt Ehingen, ganz zu schweigen von seinen übrigen Publikationen zur Archäologie Württembergs.

Obwohl Katholik, berief man Miller im Januar 1882 an das „Dillmann-Realgymnasium" nach Stuttgart als Lehrer der Naturwissenschaften. Auch dort ging er seiner Leidenschaft nach und unternahm mit seinen Schülern zahlreiche Exkursionen zu archäologischen Fundplätzen und Ausgrabungen.

Bei der Berufung der Streckenkommissare für die Reichs-Limeskommission im Jahre 1892 fand Miller trotz seiner Verdienste dennoch keine Berücksichtigung, sodass er seine Arbeiten im Gelände aufgab und sich auf das Forschen am Schreibtisch konzentrierte. Er beschäftigte sich mit der Straßenkarte des Augsburger Kaufmanns Konrad Peutinger (1467–1547), welche die Kopie einer römischen Aufzeichnung der antiken Reisewege darstellt. Millers Publikation machte die in der Wiener Nationalbibliothek archivierte Karte allgemein zugänglich. Damit war eine wertvolle Grundlage für die weitere Forschung geschaffen.

Die Funde aus Grab 3 des von Miller archäologisch untersuchten Gräberfeldes von Mochenwangen.

Die besonderen Funde aus Grab 3 waren es wert, auf Leinwand gebannt zu werden. Ilga Feuerstein 1926, Öl auf Leinwand.

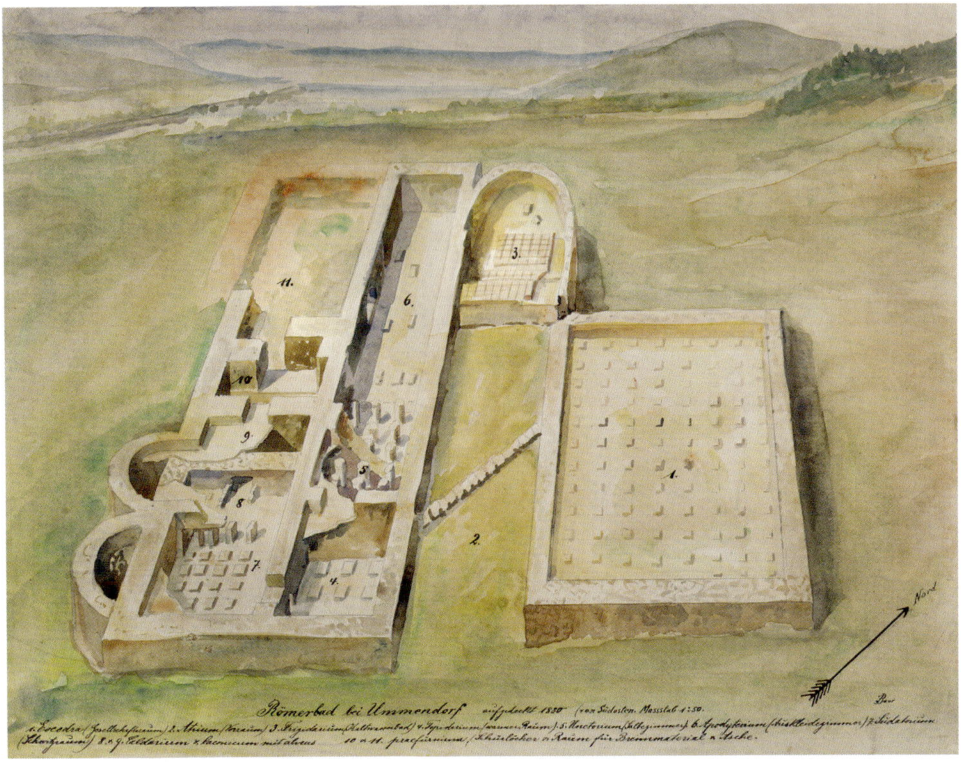

Gemälde des römischen Bades von Ummendorf, Kreis Biberach. Julius Baur (1877–1953) Aquarell und Tusche auf Papier.

Lageplan des von Miller 1880/81 ausgegrabenen römischen Gutshofes von Ummendorf, Kreis Biberach. Julius Baur (1877–1953), Aquarell und Tusche auf Papier.

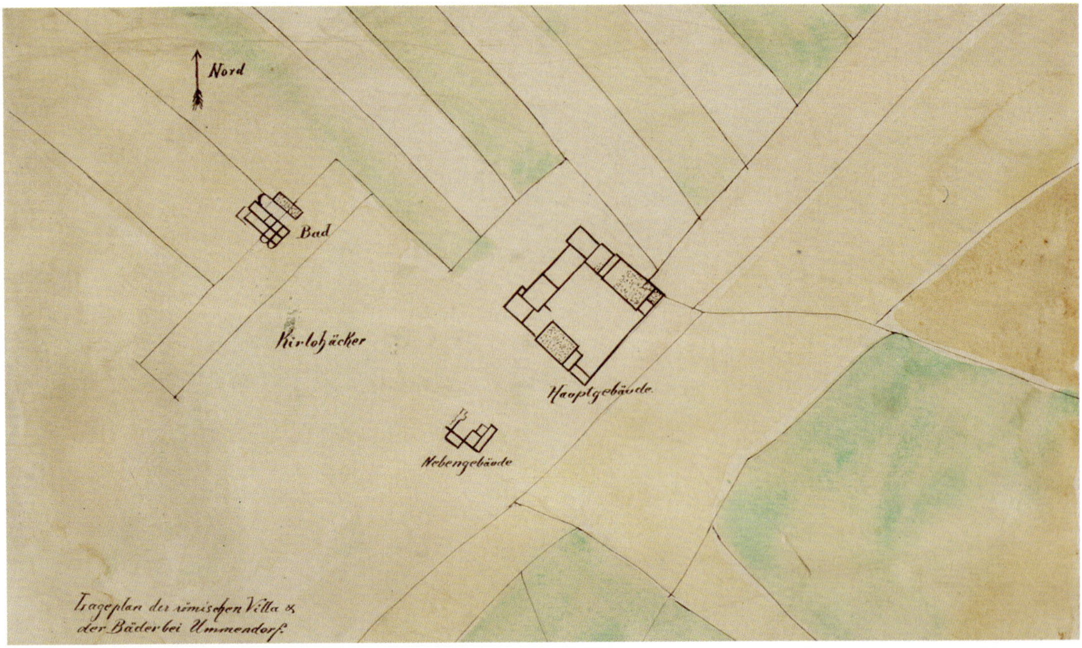

Bereits während der Grabungen 1897 waren die römischen Ruinen von Fischbach beliebtes Ausflugsziel für die ganze Familie.

Die staatliche Denkmalpflege wurde im 19. Jahrhundert zwar immer effektiver, doch kam sie nicht ohne „Amtshilfe" aus. Beispielsweise finanzierte sich eine erste Grabung in der römischen Siedlungsstelle von Fischbach 1897 aus Mitteln der Großherzoglichen Direktion der Sammlung für Altertums- und Völkerkunde in Karlsruhe. Mit der Durchführung beauftragt wurde jedoch Oberförster Roth aus Villingen, also eigentlich kein Fachmann. Er legte das Badegebäude eines römischen Gutshofes frei. Wie die alten Fotos zeigen, war die Grabung nicht nur eine rein wissenschaftliche Unternehmung, sondern hatte am Wochenende durchaus Freizeitwert für die ganze Familie. Nachdem die Badruine 1988–1989 erneut Objekt archäologischer Grabungen gewesen war, wurde sie restauriert und vom Land mit einem Schutzbau versehen, der für die Öffentlichkeit zugänglich ist.

Rechts: Zeichnungen römischer Funde aus Fischbach, die von Oberförster Roth angefertigt wurden.

Links: Plan des von Oberförster Roth 1897 ausgegrabenen römischen Bades von Fischbach.

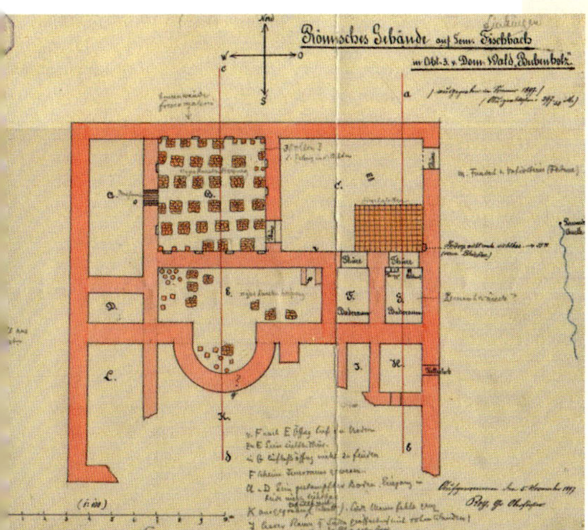

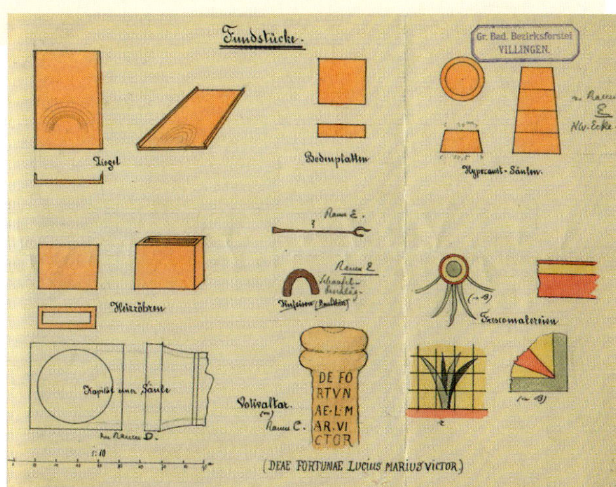

Limesforschung als nationale Aufgabe

Mit der Krönung Wilhelms I. 1871 zum Kaiser schlossen sich die verschiedenen Länder Deutschlands zum „Deutschen Reich“ zusammen. Eine gemeinsame Währung, der Wegfall von Grenzen und Zöllen und eine gemeinsame Außenpolitik machten das Leben in diesem Bundesstaat zwar einfacher; seine Mitglieder behielten aber weiterhin sehr weit reichende Zuständigkeiten, etwa in Fragen der Kulturpolitik, wie es auch heute noch der Fall ist. Aus diesem Grund war auch die Erforschung des Limes Sache der betroffenen Länder: der Königreiche Preußen, Württemberg und Bayern sowie der Großherzogtümer Baden und Hessen-Darmstadt. Besonders die süddeutschen Bundesstaaten befürchteten nicht ohne Grund preußische Zentralisierungsbestrebungen. So war 1878 der Vorstoß des späteren Nobelpreisträgers Theodor Mommsen

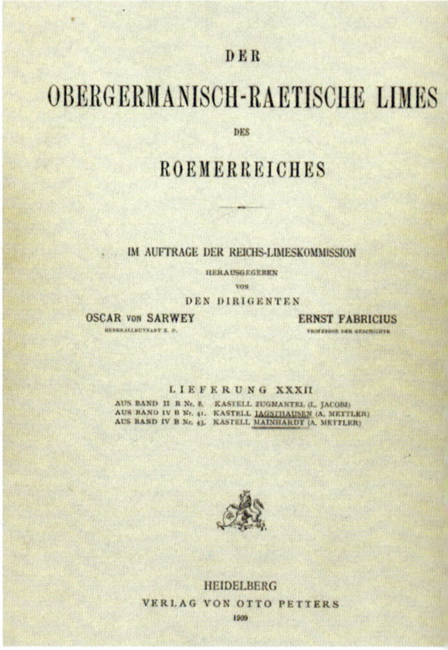

DER

OBERGERMANISCH-RAETISCHE LIMES

DES

ROEMERREICHES

IM AUFTRAGE DER REICHS-LIMESKOMMISSION

HERAUSGEGEBEN

VON

DEN DIRIGENTEN

OSCAR VON SARWEY — GENERALLEUTNANT Z. D.

ERNST FABRICIUS — PROFESSOR DER GESCHICHTE

LIEFERUNG XXXII

AUS BAND II B Nr. 8. KASTELL ZUGMANTEL (L. JACOBI)

AUS BAND IV B Nr. 41. KASTELL JAGSTHAUSEN (A. METTLER)

AUS BAND IV B Nr. 43. KASTELL MAINHARDT (A. METTLER)

HEIDELBERG

VERLAG VON OTTO PETTERS

1909

Titelseite des Werkes „Der Obergermanisch-Raetische Limes des Roemerreiches“ (ORL), in dem die Ergebnisse der Reichs-Limeskommisson publiziert sind.

gescheitert, die regionalen Limesforschungen institutionell zu bündeln. In den südlichen Staaten hatte man nämlich an dem Plan Anstoß genommen, die Leitung des Projektes dem Großen Preußischen Generalstab in Berlin zu übertragen. Süddeutsche Gelehrte waren nicht hinzugezogen worden.

Ein erneuter Anlauf 1886/87 scheiterte an der Angst vor möglicher preußischer Spionage „unter dem Deckmantel archäologischer Forschung“. Das Württem-

Links: Gut sichtbar ist der Verlauf des Limes auf diesem Luftbild, das beim Haghof, Gde. Alfdorf, aufgenommen wurde.

Rechts: Tafel aus dem ORL mit römischen Funden aus Köngen.

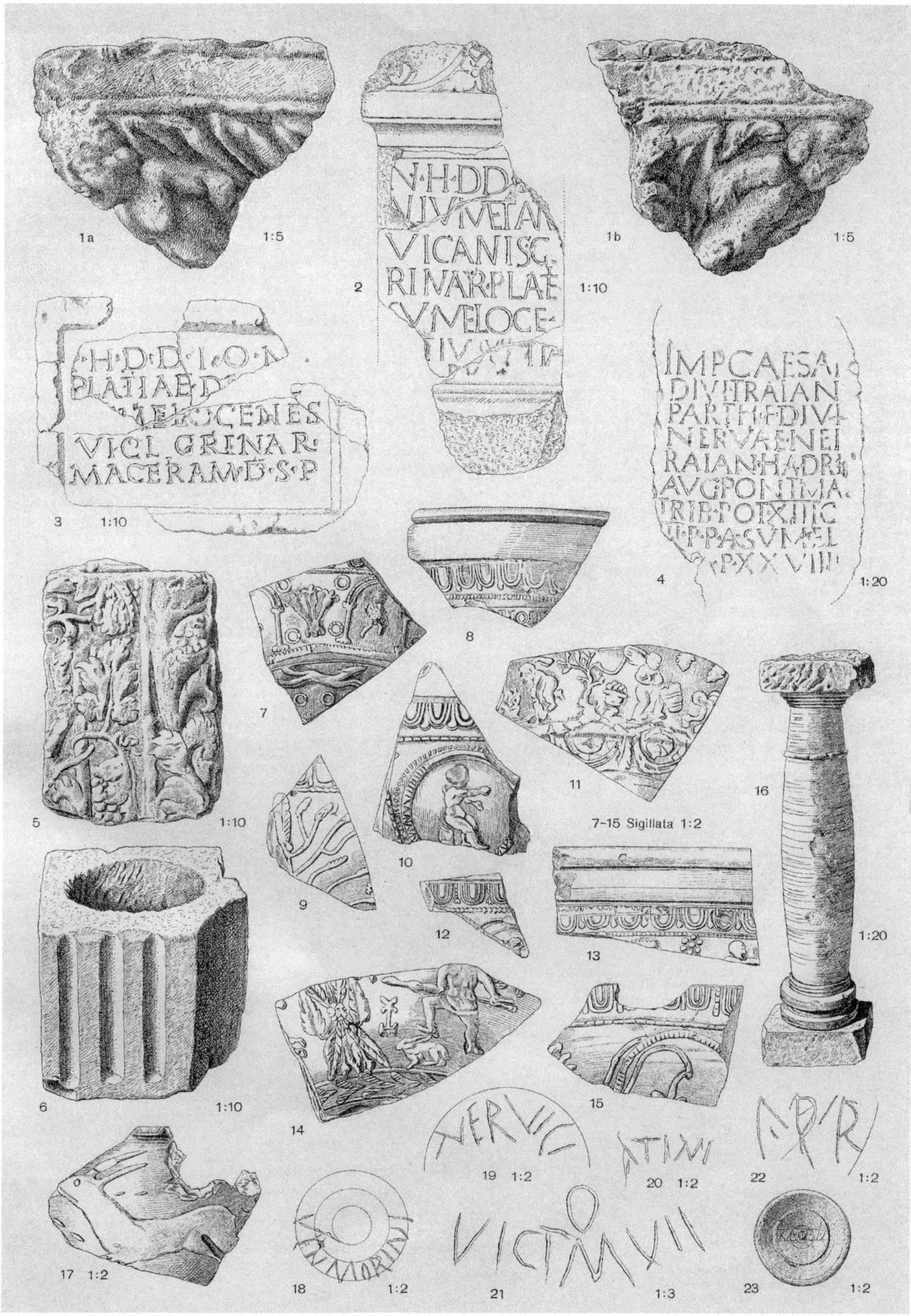
1a 1:5
2 1:10
1b 1:5
3 1:10
4 1:20
8
7
5 1:10
11
16
10
7–15 Sigillata 1:2
9
12
13
1:20
6 1:10
14
15
19 1:2
20 1:2
22 1:2
17 1:2
18 1:2
21 1:3
23 1:2

Ausgrabung des römischen Wachtturms Wp. 12/11 bei Lorch durch die Reichs-Limeskommission Ende des 19. Jahrhunderts.

bergische Kultministerium setzte stattdessen zum zweiten Mal eine eigenstaatliche Limeskommission unter dem Tübinger Althistoriker Ernst Herzog (1834–1911) ein. Erst nachdem sich Mommsen hatte davon überzeugen lassen, dass das gemeinsame Projekt nur auf der Basis des gleichberechtigten Nebeneinanders aller beteiligten Staaten durchzuführen war, gaben die süddeutschen Regierungen ihre Zustimmung. Schließlich rief man 1892 die Reichs-Limeskommission ins Leben.

Ihre Aufgabe war es, wirkungsvoller als es einzelne Forscher, Vereine oder selbst die betroffenen Staaten vermocht hatten, die römische Grenzbefestigung zwischen Rhein und Donau samt Vorläuferanlagen, Kastellen und Straßen im Hinterland zu untersuchen. Die vom Reich finanzierten Forschungen unter zentraler Leitung sollten innerhalb von fünf Jahren abgeschlossen sein und in einer umfassenden Publikation vorgelegt werden. Zu diesem Zweck teilte man den Limes in 15 Abschnitte auf. Für jeden war jeweils ein Streckenkommissar zuständig.

Es stellte sich sehr bald heraus, dass die Mammutaufgabe, 93 Kastellplätze und 550 km Befestigung zu untersuchen, in der vorgegebenen Frist nicht zu bewerkstelligen war. Dennoch führte man sie vorbildlich und mit Beharrlichkeit zu Ende. Von 1894 bis 1937 erschienen 56 Bände des Werkes „Der Obergermanisch-Raetische Limes des Roemerreiches“ (ORL), in denen die Forschungsergebnisse auf weit über 4000 Seiten sowie über 600 Tafeln und Karten vorgelegt wurden. Man kann diese Leistung nicht hoch genug einschätzen. Und so sind die ORL-Bände bis heute die wichtigste Grundlage aller Limesforschung in Süddeutschland geblieben.

Tafel aus dem ORL mit dem Plan des Kastells Unterböbingen.

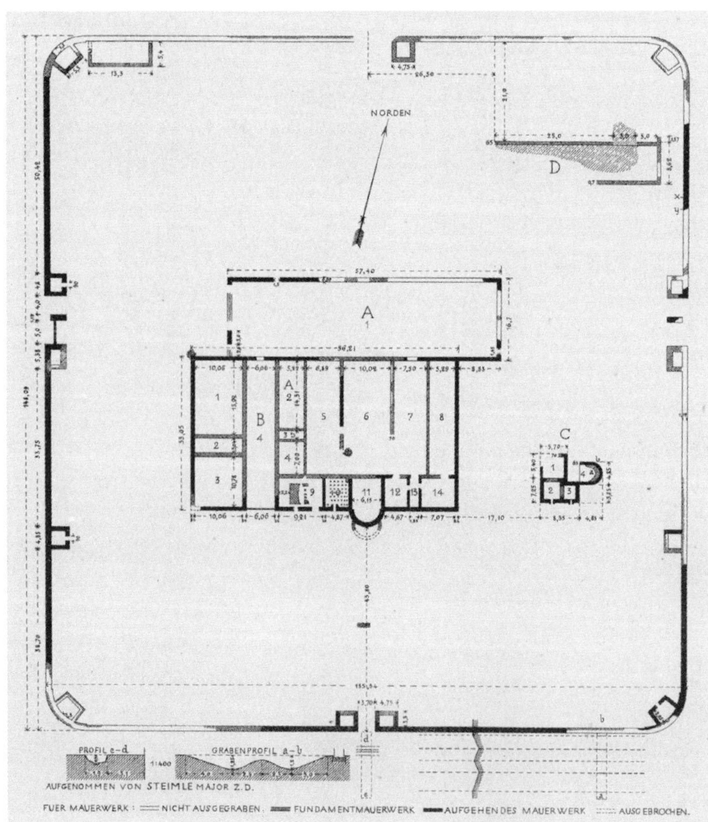

Römerforschung im Schatten der Weltkriege

Im Jahre 1900 schlossen sich die west- und süddeutschen Altertumsvereine zu einem Gesamtverband zusammen. Dies geschah einerseits, um die Arbeit der Vereine überregional besser koordinieren zu können. Andererseits hatte sich die Angst bei den Vereinen festgesetzt, staatliche und auf Reichsebene arbeitende Institutionen könnten sie überflüssig machen. Eine dieser Einrichtungen war die 1892 gegründete Reichs-Limeskommission, welche ihre Arbeit bis 1937 fortsetzte. Besonders aber die länderübergreifend tätige „Römisch-Germanische Kommission“ (RGK) wurde als Konkurrenz zur lokalen Arbeit empfunden. Die Befürchtungen waren jedoch unbegründet, denn die Zusammenarbeit zwischen RGK und den Altertumsverbänden war scheinbar recht gut. Die RGK entwickelte in der Forschung eine rege Tätigkeit, während die Verbände die Aufgabe wahrnahmen, die Ergebnisse einem interessierten Laienpublikum zu vermitteln. Bis heute ist diese Aufgabenteilung geblieben.

Auch die Aufgaben der staatlichen Denkmalpflege nahmen zu, sodass Baden im Jahre 1909 schließlich drei Konservatoren mit verschiedenen Zuständigkeitsbereichen besaß. Ernst Wagner behielt weiterhin die oberste Leitung und die Pflege der archäologischen Denkmale. Seine beiden Kollegen waren jeweils für die öffentlichen bzw. kirchlichen Baudenkmale zuständig. Ein entsprechendes Gesetz für den Denkmalschutz, das der Großherzog

Peter Goessler (1872–1956).

bereits 1883 in seiner Thronrede angekündigt hatte, sollte 1913 erneut am kirchlichen Widerstand scheitern. Lediglich ein Verbot ungenehmigter archäologischer Grabungen ließ sich 1914 durchsetzen.

Nach dem Ersten Weltkrieg ließ sich Ernst Wagner 1919 aus Altersgründen pensionieren. Sein Nachfolger im Amt, Hans Rott (1876–1942), war in diesen Jahren hauptsächlich mit der Einrichtung des Badischen Landesmuseums im Residenzschloss beschäftigt, das nach dem Ende der Monarchie für eine öffentliche Nutzung zur Verfügung stand.

Nachdem sich die erneute Reorganisation der Denkmalpflege im Jahre 1920 als ziemlich unglücklich herausgestellt hatte, kam es bereits 1922 zu einer sinnvollen Neuordnung wenigstens der archäologischen Denkmalpflege. Man teilte das Land in zwei Oberpflegerbezirke. Für den Teil nördlich der Kinzig wurde Ernst Wahle (1889–1981) als Oberpfleger berufen, die Region südlich davon hatte Friedrich Leonhard (1857–1929) zu betreuen. Als der Südbezirk 1935 geteilt wurde, berief man den „wissenschaftlichen Hilfsarbeiter“ am Badischen Landesmuseum Friedrich Garscha (1909–1974) als Oberpfleger des Ostteils. Georg Kraft (1894–1944), der bereits 1926 auf Leonhard gefolgt war, übernahm den westlichen Teil. Diese Organisation sollte bis 1945 Bestand haben.

Im württembergischen Landesteil begann 1905 mit der Berufung Peter Goesslers (1872–1956) zum Assistenten von Eugen Gradmann (1863–1927) am „Landeskonservatorium und Staatssammlung vaterländischer Kunst- und Altertümer“ in Stuttgart eine intensive Phase der Römerforschung. Aus diesen Institutionen gingen später die „Altertümersammlung“ sowie

Oskar Paret (1889–1972).

1 2 3 4 5 6 7
8 9 10 11 12 13 14 15
16 17 18 19 20 21 22 23 24 25
26 27 28 29 30 31 32
33 34 35 36
37 38 39 40 41 42
43 44 45 46 47 48 49 50 51 52 53 54 55 56 57

Das Vorhaben des Württembergischen Militärs, im Bereich des römischen Kastells von Bad Cannstatt 1908 eine Dragonerkaserne zu bauen, veranlasste den damaligen württembergischen Landeskonservator Peter Goessler, den archäologischen Dirigenten der Reichs-Limeskommission Professor Ernst Fabricius in Freiburg um ein Gutachten zu bitten. Fabricius bescheinigte dem Kastell größte Wichtigkeit für die provinzialrömische Forschung. Nach Lösung der Finanzierungsprobleme und Verhandlungen mit der Bauleitung, konnte schließlich mit den Grabungen begonnen werden. Am Ende waren die Dragoner so stolz darauf, dass auf dem Gelände ihrer Kaserne bereits in römischer Zeit Kavalleriesoldaten stationiert gewesen waren, dass sie im Offizierskasino eine Vitrine mit römischen Funden aus dem Kastell aufstellen ließen.

das „Landesamt für Denkmalpflege" hervor, denen Goessler seit 1920 in Personalunion als Direktor und Leiter vorstand. Seiner Hartnäckigkeit ist es zu verdanken, dass z. B. das römische Kastell von Bad Cannstatt 1908 archäologisch untersucht werden konnte. Mit 60 beschäftigten Arbeitern war es bis dahin die größte archäologische Grabung im Land. Ohne Goesslers maßgebliche Mitwirkung wäre auch das Erscheinen der Zweiten, stark erweiterten Auflage des grundlegenden Werkes über „Die römischen Inschrif-

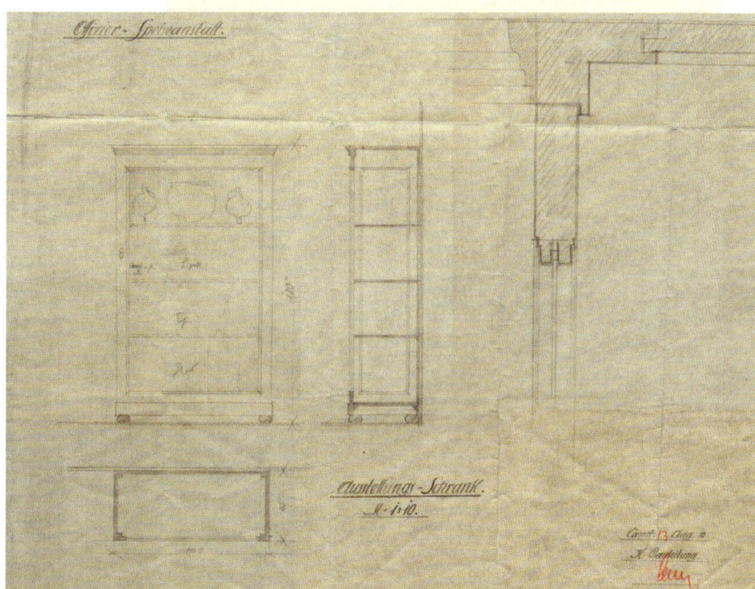

Tafel aus dem ORL mit Funden aus dem Kastell von Bad Cannstatt.

ten und Bildwerke Württembergs“ von Ferdinand Haug (1837–1925) und Gustav Sixt (1856–1904) im Jahre 1914 nicht möglich gewesen. 1919 berief Goessler dann Oskar Paret (1889–1972), welcher ihm schon als Schüler bekannt gewesen war, an die „Staatliche Altertümersammlung“.

Der letzte vorläufige Höhepunkt der Römerforschung im Land war das von 1928 bis 1932 von Friedrich Hertlein (1865–1929), Peter Goessler und Oskar Paret herausgegebene dreibändige Werk „Die Römer in Württemberg“. Denn nachdem 1933 die Nazis die Macht ergriffen hatten, bestand nur noch geringe öffentliche Aufmerksamkeit für die römische Archäologie und Geschichte. Es blieb jedoch nicht allein beim Desinteresse, sondern man drängte unliebsame Archäologen kurzerhand aus dem Amt, so wie es 1934 Peter Goessler widerfuhr. Paret führte die Arbeit zwar fort; laut seinen eigenen Aufzeichnungen

Die durch den Zweiten Weltkrieg verursachten Schäden waren enorm. Auch die Museen blieben nicht verschont davon. Das Karlsruher Schloss (oben) und das Alte Schloss in Stuttgart (rechts) , welche beide bedeutende archäologische Sammlungen beherbergen, waren nur noch Ruinen.

war er jedoch andauernden Schikanen durch seine linientreuen Vorgesetzten ausgesetzt. Um sich seiner Person zu entledigen, spielten die Parteifunktionäre sogar mit dem Gedanken, Paret als Landesarchäologen in der Ukraine einzusetzen. Durch die Katastrophe von Stalingrad fanden diese Pläne 1943 aber ein jähes Ende.

Nachdem der Zweite Weltkrieg in Europa gewütet hatte, gelang der Anschluss Deutschlands an die wissenschaftliche Forschung der Nachbarländer Großbritannien und Frankreich nur sehr langsam. Im zerstörten Deutschland hatte man zunächst andere Sorgen, als sich gezielt um die Belange der römischen Archäologie zu kümmern. Nicht nur der Mangel an finanziellen und personellen Mitteln erschwerte die Denkmalpflege, sondern auch die Bürokratie der Besatzungsmächte. In Baden zerschnitt man die gewachsene Organisation des zuständigen Landesamtes für Ur- und Frühgeschichte durch die willkürlich gezogene Grenze zwischen der amerikanischen und der französischen Zone.

Doch auch diese in jeder Hinsicht entbehrungsreiche Zeit ging vorüber. Bereits 1949 kam es zur Gründung des Verbandes der Landesarchäologen, und noch im selben Jahr erließ das Land (Süd-)Baden ein Gesetz zum Schutz von Kulturdenkmalen, welches Vorbildcharakter für alle modernen Denkmalschutzgesetze der Bundesrepublik Deutschland und somit auch des Landes Baden-Württemberg haben sollte. Mit dem wirtschaftlichen Aufschwung der 1950er- und 60er-Jahre ging ein enormer Bauboom einher, der es notwendig machte, zahlreiche römische Siedlungen großflächig zu untersuchen. Es fanden daher Großgrabungen in Hüfingen, Rottenburg und Rißtissen statt. Die Ende der 1960er-Jahre begonnenen archäologischen Untersuchungen in Rottweil dauern sogar immer noch an.

Weitere Höhepunkte waren die Eröffnung des Limesmuseums in Aalen 1964, welches damals einen regelrechten Besucheransturm erlebte, sowie das 1972 erlassene Denkmalschutzgesetz und die Neugliederung des Landesdenkmalamtes Baden-Württemberg als Voraussetzung für einen effektiven und landeseinheitlichen Schutz einer der bedeutendsten archäologischen Kulturlandschaften Deutschlands.

Die gesamte archäologische Denkmalpflege des Landes wurde hierbei in einer eigenen Abteilung, heute aus sieben Referaten bestehend, zusammengefasst. Je ein Referat nimmt die fachlichen Aufgaben in den Regierungsbezirken Stuttgart, Karlsruhe, Freiburg und Tübingen wahr, während die übrigen drei Referate landesweit operieren und mit zentralen Aufgaben, wie Schwerpunktgrabungen, Prospektion, Mittelalterarchäologie, Bauforschung sowie Unterwasser- bzw. Feuchtbodenarchäologie, betraut sind. Die Durchführung einer Verwaltungsstrukturreform im Jahre 2005 löst nun diese bewährten und leistungsfähigen Strukturen auf und verlagert die denkmalpflegerischen Fachaufgaben in die vier Regierungspräsidien.

Damals und heute

Die Forscher der letzten 500 Jahre leisteten Pionierarbeit, auf die sich die Provinzialrömische Archäologie heute immer noch stützen kann. Gleichwohl geht die Entwicklung der Forschungsmethoden immer weiter. Die digitale Dokumentation von Grabungen, der Einsatz naturwissenschaftlicher Methoden sowie Hightech-Verfahren zur Restaurierung oder Prospektion sind heute aus der Archäologie kaum noch wegzudenken.

Allein aber die Tatsache von 500 Jahren Römerforschung beschert uns eine Fülle an Erkenntnisgewinn. Im Verlauf dieser Zeitspanne entwickelten sich zunächst kleine Fundstellen zu immer großflächiger archäologisch untersuchten Arealen. Auch die Vielzahl neu entdeckter Gutshöfe, Siedlungen, Straßen und militärischer Anlagen vermehrt fortwährend unsere Kenntnis der

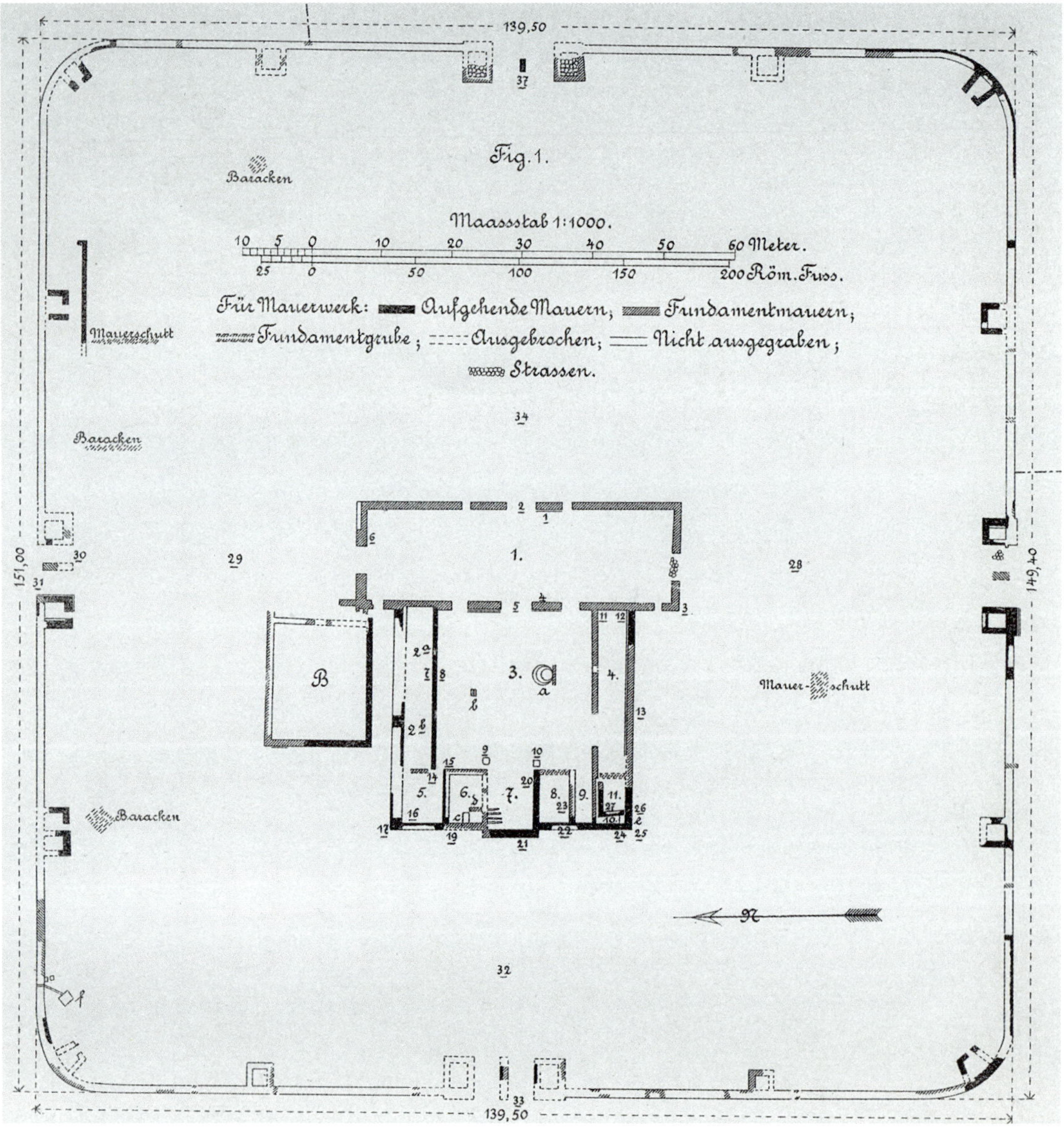

römischen Besiedlung Südwestdeutschlands.

Besonderes Augenmerk liegt heute auf der Limes- und Siedlungsforschung. Die 2003 gegründete Deutsche Limeskommission vereinigt in Anlehnung an die Reichs-Limeskommission die heu-

Um das Kohortenkastell von Rainau-Buch zu lokalisieren, war die Reichs-Limeskommission 1897 allein auf die klassische Prospektionsmethode der Oberflächenfunde angewiesen. Strukturen des Kastells konnten nur durch eine aufwändige Grabung erfasst werden (links). Mithilfe der Luftbildarchäologie und besonders auch der Geophysik hat man heute dagegen Mittel zur Hand, die es einem ohne Grabung erlauben, die Befunde im Boden einzuschätzen. Deutlich erkennt man Details der Kastellinnenbebauung sowie Teilen des umgebenden Kastellvicus (unten).

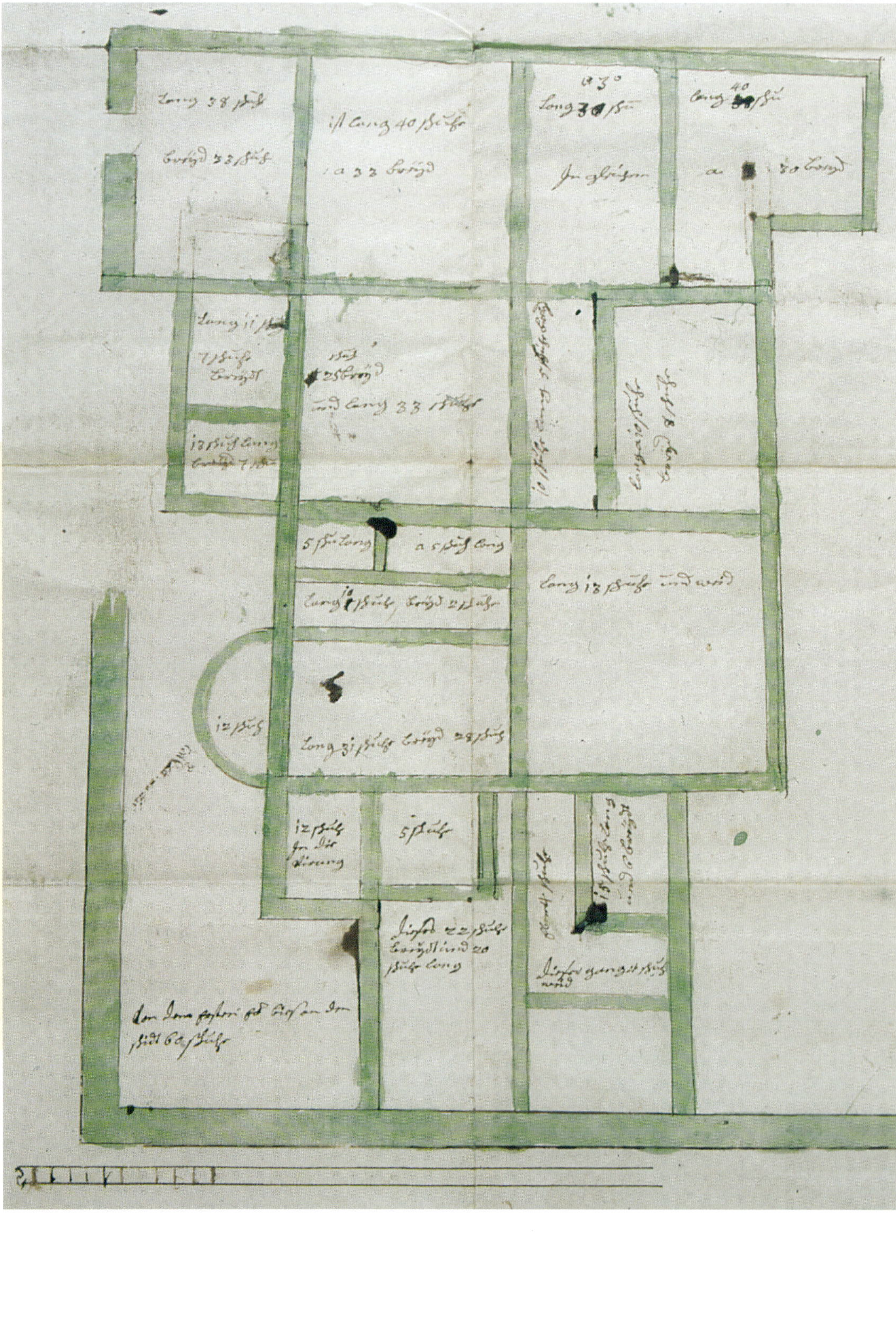

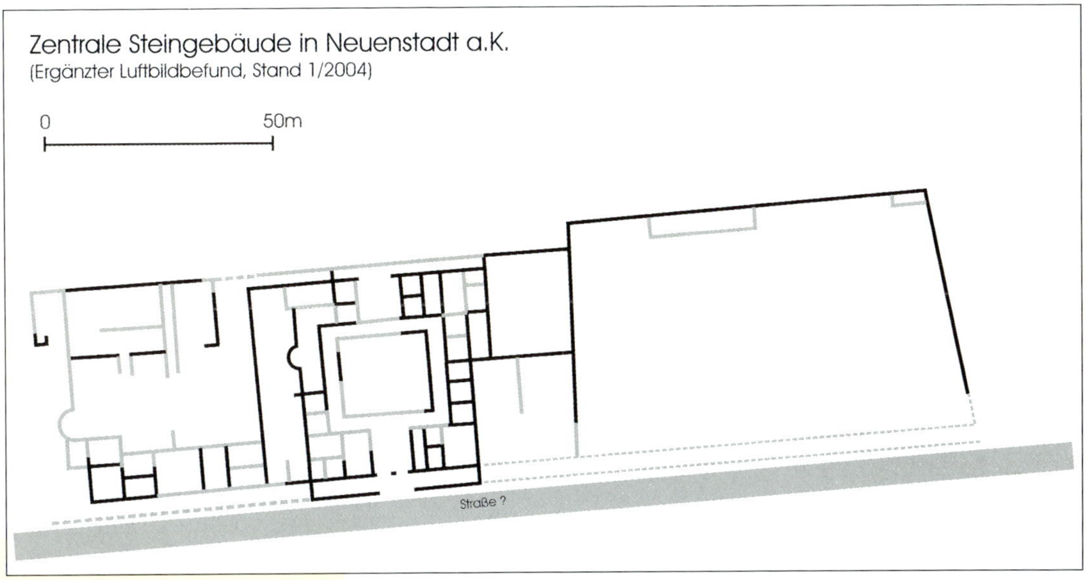

Bereits 1597 fand eine Grabung in der römischen Siedlung von Neuenstadt am Kocher, Kreis Heilbronn, statt. Ein Plan, der uns die damals freigelegten Gebäudereste überliefert, ist heute noch erhalten (links). Die Siedlung geriet aber in Vergessenheit und lenkte erst wieder 1990 Aufmerksamkeit auf sich, nachdem auf Luftbildern ausgedehnte Siedlungsstrukturen zu erkennen waren. Der Ausschnitt des modernen Planes (oben) zeigt die durch Luftbilder erfassten (schwarz) und zum Teil ergänzten (grau) Gebäudereste. Eine Grabung des Landesdenkmalamtes Baden-Württemberg soll die Frage klären, welches Gebäude auf dem alten Plan erfasst ist und wie genau er die tatsächlichen Gebäudestrukturen wiedergibt.

tigen Bundesländer Baden-Württemberg, Bayern, Hessen und Rheinland-Pfalz, um gemeinsam für den Schutz und die Erforschung des Limes Sorge zu tragen. Ihr Hauptziel ist die Aufnahme des Obergermanisch-Raetischen Limes in die Liste der Weltkulturerbestätten der UNESCO.

Baden-Württemberg setzt Maßstäbe

Das Bedürfnis, wichtige Baubefunde der römischen Vergangenheit Baden-Württembergs zu konservieren, wurde schon sehr früh geweckt. So entstanden bereits zum Ende des 18. Jahrhunderts die ersten Schutzbauten. In diesem Bereich ist bis heute ein enormer Fortschritt zu verzeichnen, der besonders von der Weiterentwicklung architektonischer Möglichkeiten, verbesserter Ausstellungskonzeptionen sowie Sicherheitsstandards getragen wird.

In keinem anderen deutschen Bundesland, auf dessen Boden heutzutage römische Archäologie betrieben wird, ist in den letzten Jahrzehnten – bezogen auf die Landesfläche – so viel für die Erforschung und Wiedersichtbarmachung der römischen Epoche des Landes getan worden wie in Baden-Württemberg.

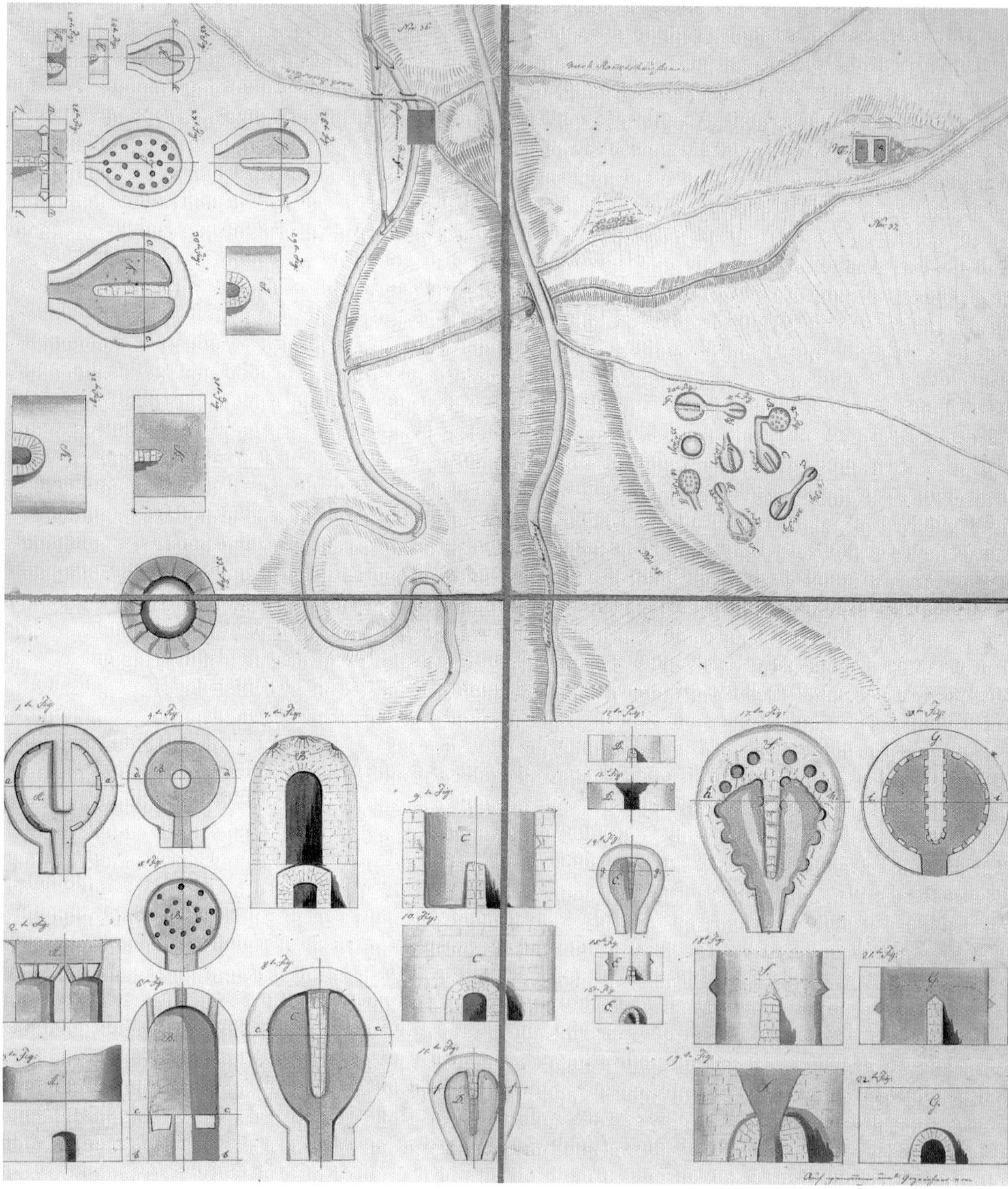

1822 stieß Zieglermeister F. E. Bihl aus Waiblingen beim Lehmgraben in Flur „Bildstöckle“ (Waiblingen) auf römische Befunde. Weil ihn die römische Geschichte interessierte, legte er aus eigenem Antrieb 10 Töpferöfen sowie einen Steinbrunnen frei und fertigte hierüber eine Skizze an. Noch im selben Jahr zeichnete ein Beamter der Waiblinger Amtsverwaltung namens Lang mit viel Liebe zum Detail – man beachte die Schatten der Bäume – einen Lageplan, der uns heute noch die sichere Identifikation der damals ausgegrabenen Befunde erlaubt.

In der Folge wurden immer wieder Grabungen in der römischen Töpferei von Waiblingen notwendig. Hier zwei Aufnahmen eines Töpferofens und eines Brunnens von 1967.

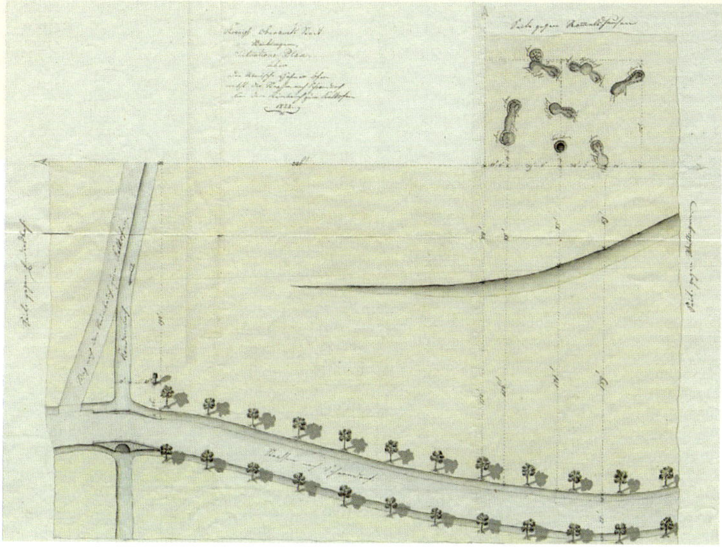

Nachdem am 17. Juli 1828 ein verheerender Hagelsturm den ersten Schutzbau über den Badenweiler Ruinen zerstört hatte, lag die Anlage einige Jahre unverhüllt da. Sie zog erneut Maler und Zeichner an, welche das an südliche Ruinenlandschaften erinnernde romantische Bild einzufangen suchten. Erst um 1835 war wieder eine neue Konstruktion über den römischen Thermen errichtet worden, die bis Anfang der 1950er-Jahre bestand (oben), dann jedoch wegen Baufälligkeit abgerissen werden musste. Ein drittes Dach kam 1953 zur Ausführung (unten). Doch bereits 25 Jahre später entsprach es nicht mehr den nunmehr neu erlassenen Bauvorschriften. Die Folge war die Schließung des römischen Badegebäudes für die Öffentlichkeit. Zwar kam es 1984 zur Wiedereröffnung, das Gebäude entsprach hinsichtlich der denkmalpflegerischen Belange aber immer noch nicht den gesetzten Standards. Das Land entschloss sich deshalb einen völlig neuen Bau zu errichten, der die gesamte Anlage zu schützen vermag, ohne sie in ihrem Gesamtbild zu beeinträchtigen. Eine schwierige Aufgabe, die man schließlich am 21. September 2001 mit der Eröffnung der neuen Konstruktion aus Glas und Stahl erfolgreich gelöst hatte.

Bierlingen-Neuhaus, Gde. Starzach, Kr. Tübingen

E. Kallee, Römische Niederlassung bei Wachendorf. Württ. Vierteljahreshefte für Landesgesch. 10, 1887 (1888) 77–80.

D. Planck, Die Villa rustica von Bierlingen-Neuhaus. Fundber. Baden-Württemberg 1, 1974, 501–526.

Fischbach, Gde. Niedereschach, Kr. Villingen-Schwenningen

P. H. F. Jakobs, Der römische Gutshof von Fischbach. Führer zu Arch. Denkmälern in Baden-Württemberg 17 (Stuttgart 1992).

Heidenheim a.d. Brenz, Kr. Heidenheim

R. Sölch, Die Topographie des römischen Heidenheim. Forschungen und Berichte zur Vor- und Frühgeschichte in Baden-Württemberg 76 (Stuttgart 2001).

Hüfingen, Schwarzwald-Baar-Kreis

P. Mayer-Reppert, Brigobannis – Das römische Hüfingen. Führer zu Arch. Denkmälern in Baden-Württemberg 19 (Stuttgart 1995).

Köngen, Kr. Esslingen

M. Luik/F. Reutti, Der Römerpark in Köngen. Führer zu Arch. Denkmälern in Baden-Württemberg 12 (Stuttgart 1988).

M. Luik, Köngen-Grinario I. Forschungen und Berichte zur Vor- und Frühgeschichte in Baden-Württemberg 62 (Stuttgart 1996).

M. Luik, Köngen-Grinario II. Grabungen des Landesdenkmalamts Baden-Württemberg. Historisch-archäologische Auswertung. Forschungen und Berichte zur Vor- und Frühgeschichte in Baden Württemberg 82 (Stuttgart 2004).

Ch. Unz, Grinario – Das römische Kastell und Dorf in Köngen. Führer zu Arch. Denkmälern in Baden-Württemberg 8 (Stuttgart 1982).

Ladenburg, Rhein-Neckar-Kreis

H. Kaiser/C. S. Sommer, Lopodunum – Ladenburg a.N. Archäologische Ausgrabungen 1981–1987. Arch. Inf. aus Baden-Württemberg 5 (Stuttgart 1988).

H. Kaiser/C. S. Sommer, Lopodunum 1. Die römischen Befunde der Ausgrabungen an der Kellerei in Ladenburg 1981–1985 und 1990. Forschungen und Berichte zur Vor- und Frühgeschichte in Baden-Württemberg 50. 2 Bde. (Stuttgart 1994).

E. Künzl/S. Künzl, Das römische Prunkportal von Ladenburg. Forschungen und Berichte zur Vor- und Frühgeschichte in Baden-Württemberg 94 (Stuttgart 2003).

J. B. Stark, Ladenburg am Neckar und seine römischen Funde. Bonner Jahrb. 44/45, 1868, 1–54.

Neuenstadt am Kocher, Kr. Heilbronn

C.-M. Hüssen, Die römische Besiedlung im Umland von Heilbronn. Forschungen und Berichte zur Vor- und Frühgeschichte in Baden-Württemberg 78 (Stuttgart 2000).

K. Kortüm, Neuenstadt am Kocher-Bürg, Kreis Heilbronn – ein „vergessener" römischer vicus. Arch. Ausgr. Baden-Württemberg 2003 (2004) 118–122.

Rainau-Buch, Ostalbkreis

H. von der Osten-Woldenburg, Geomagnetische Prospektion des Kohorten-Kastells Rainau-Buch. Neue Erkenntnisse durch die Geophysik. Ellwanger Jahrb. 34, 1991/1992, 147–170.

G. Seitz, Rainau-Buch 1. Steinbauten im römischen Kastellvicus von Rainau-Buch (Ostalbkreis). Forschungen und Berichte zur Vor- und Frühgeschichte in Baden-Württemberg 57 (Stuttgart 1999).

Rottenburg, Kr. Tübingen

A. Gaubatz-Sattler, Sumelocenna. Geschichte und Topographie des römischen Rottenburg am Neckar nach den Befunden und Funden bis 1985. Forschungen und Berichte zur Vor- und Frühgeschichte in Baden-Württemberg 71 (Stuttgart 1999).

K. Heiligmann, Sumelocenna. Römisches Stadtmuseum Rottenburg am Neckar. Führer zu Arch. Denkmälern in Baden-Württemberg 18 (Stuttgart 1992).

K. Kempf, Römerforschung in Rottenburg vom Humanismus bis zum Historismus. Der Sülchgau 25, 1981, 6–20.

F. I. von Jaumann, Colonia Sumlocenne. Rottenburg am Neckar unter den Römern. Mit Rücksicht auf das Zehentland und Germanien überhaupt. Ein antiquarisch-topographischer Versuch (Stuttgart/Tübingen 1840).

F. I. von Jaumann, Colonia Sumlocenne. Neuere zu Rottenburg am Neckar aufgefundene Römische Alterthümer (Stuttgart 1855).

Rottweil, Kr. Rottweil

Ph. Filtzinger, Arae Flaviae. Das römische Rottweil. Schriften des Limesmuseums Aalen (Stuttgart/Aalen 1995).

D. Planck, Arae Flaviae I. Neue Untersuchungen zur Geschichte des römischen Rottweil. Forschungen und Berichte zur Vor- und Frühgeschichte in Baden-Württemberg 6. 2 Bde. (Stuttgart 1975).

A. Rüsch, Das römische Rottweil. Führer zu archäologischen Denkmälern in Baden-Württemberg 7 (Stuttgart 1981).

Waiblingen, Kr. Waiblingen

R. Krause, Von der Steinzeit bis zum frühen Mittelalter. Archäologische Bodenfunde im Stadtgebiet Waiblingen. Veröff. Archiv Waiblingen 2 (Waiblingen 1981).

Walheim, Kr. Ludwigsburg

K. Kortüm/J. Lauber, Walheim I. Das Kastell und die nachfolgende Besiedlung. Forschungen und Berichte zur Vor- und Frühgeschichte in Baden-Württemberg 95. 2 Bde. (Stuttgart 2004).

D. Planck, Das römische Walheim. Ausgrabungen 1980–1988. Arch. Inf. aus Baden-Württemberg 18 (Stuttgart 1991).

Wurmlingen, Kr. Tuttlingen

M. Reuter, Die römisch-frühvölkerwanderungszeitliche Siedlung von Wurmlingen, Kreis Tuttlingen. Materialhefte zur Archäologie in Baden-Württemberg 71 (Stuttgart 2003).

Abbildungsnachweis

S 5: Württembergische Landesbibliothek, Stuttgart (Handschriftenabteilung: Cod. hist. 4° 152); S 8: Hauptstaatsarchiv Stuttgart, M660/009; S 9: Württembergisches Landesmuseum, Stuttgart; S 10 : Nach Ph. Filtzinger, Limesmuseum Aalen. 3. erweiterte Aufl. (Stuttgart 1983); S 12 u: Landesdenkmalamt Baden-Württemberg, Außenstelle Freiburg; S 12 o: Württembergisches Landesmuseum, Stuttgart; S 13 u: Landesdenkmalamt Baden-Württemberg, Esslingen a. N.; S 13 o: Badisches Landesmuseum, Karlsruhe; S 14 o: Der römische Limes in Bayern. Ausstellungskat. Prähistor. Staatsslg. München 22; S 14; Landesdenkmalamt Baden-Württemberg, Esslingen a. N.; S 15: Württembergische Landesbibliothek, Stuttgart (Handschriftenabteilung: Cod. hist. 4° 152); S 16: K. Miller, Weltkarte des Castorius genannt die Peutinger'sche Tafel (Ravensburg 1888); S 17 o,ul: Badisches Landesmuseum, Karlsruhe (Inv. Nr. 80/432 u. Inv. Nr. 95/869); S 17 ur: Württembergisches Landesmuseum, Stuttgart; S 18 or: Landesdenkmalamt Baden-Württemberg, Esslingen a. N.; S 18 o, S19: Württembergische Landesbibliothek, Stuttgart; S 20: J. B. Stark, Ladenburg am Neckar und seine römischen Funde. Bonner Jahrb. 44/45, 1868, 1–45; bes. Taf. III; S 22 ul: Reiss-Engelhorn-Museen Mannheim, Foto Jean Christen; S 22 o: Landesmedienzentrum Baden-Württemberg, Stuttgart (Neg.-Nr. 29369); S 21: Archiv Staatsanzeiger Verlag; S 22 ur: Landesdenkmalamt Baden-Württemberg, Esslingen a. N (M. Filgis); S 23 u: Landesmedienzentrum Baden-Württemberg, Stuttgart (Neg.-Nr. 23190; S 24 o: Landesdenkmalamt Baden-Württemberg, Esslingen a. N.; S 24 u, S 25: Landesdenkmalamt Baden-Württemberg, Esslingen a. N.; S 26 o: H. Mylius, Die römischen Heilthermen von Badenweiler. Röm.-Germ. Forsch. 12 (Berlin/Leipzig 1936) Taf. 28; S 26 u: Landesdenkmalamt Baden-Württemberg, Esslingen a. N.; S 27 o: Landesdenkmalamt Baden-Württemberg, Esslingen a. N.; S 27 u: Chr. E. Hansselmann, Beweiß, wie weit der Römer Macht, in den mit verschiedenen teutschen Völkern geführten Kriegen, auch in die nunmehrige Ost-Fränkische, sonderlich Hohenlohische, Lande eingedrungen (Schwäbisch Hall 1768) Tab. I; S 28 o: Landesdenkmalamt Baden-Württemberg, Esslingen a. N.; S 28 u, S29 u: Württembergische Landesbibliothek, Stuttgart (W. G. fol. 165); S 29 o: Generallandesarchiv Karlsruhe (Sign. Bilderslg. Ac B 97); S 30 o: Ortsakten, Landesdenkmalamt Baden-Württemberg, Esslingen a. N.; S 30 ul: Römisch-Germanische Kommission, Frankfurt; S 30 ur: Württembergisches Landesmuseum, Stuttgart; S 31 o mr: Landesdenkmalamt Baden-Württemberg, Esslingen a. N.; S 31 o l: Stadtarchiv Karlsruhe (8/PBS III); S 32, S 33: Landesdenkmalamt Baden-Württemberg, Esslingen a. N.; S 34: Württembergisches Landesmuseum, Stuttgart; S 35 o: Landesdenkmalamt Baden-Württemberg, Esslingen a. N.; S 35 u: Archäologisches Landesmuseum Baden-Württemberg; S 36, S 37 o: Landesdenkmalamt Baden-Württemberg, Esslingen a. N.; S 37 u, S 38, S 39: Hauptstaatsarchiv Stuttgart, M660/009; S 39 ul: Landesdenkmalamt Baden-Württemberg, Esslingen a. N.; S 40 o, S 41; Stadtarchiv Ravensburg, M.G. Meyer; S 40 u: Württembergisches Landesmuseum, Stuttgart; S 42: Braith-Mali-Museum, Biberach; S 43: Landesdenkmalamt Baden-Württemberg, Außenstelle Freiburg; S 44 u: Landesamt für Denkmalpflege Hessen (O. Braasch); S 44 o:Ortsakten, Landesdenkmalamt Baden-Württemberg, Esslingen a. N.; S 45: „Der Obergermanisch-Raetische Limes des Roemerreiches" (ORL); S 46 o: Ortsakten, Landesdenkmalamt Baden-Württemberg, Esslingen a. N.; S 46 u: „Der Obergermanisch-Raetische Limes des Roemerreiches" (ORL); S 47: Landesdenkmalamt Baden-Württemberg, Esslingen a. N.; S 48: „Der Obergermanisch-Raetische Limes des Roemerreiches" (ORL). S 49: Ortsakten, Landesdenkmalamt Baden-Württemberg, Esslingen a. N. S 50 o: Badisches Landesmuseum Karlsruhe; S 50 u: Württembergisches Landesmuseum Stuttgart; S 52: „Der Obergermanisch-Raetische Limes des Roemerreiches" (ORL); S 53: Grundlage Orthofoto des Landesvermessungsamtes mit Montage der geophysikalischen Messung des Landesdenkmalamtes Baden-Württemberg (H. von der Osten-Woldenburg); S 54: Foto und Quelle: Landesdenkmalamt Baden-Württemberg, Esslingen a. N. S 55: Landesdenkmalamt Baden-Württemberg, Esslingen a. N. (K. Kortüm); S 56 – S 59: Landesdenkmalamt Baden-Württemberg, Esslingen a. N.